AF253905

IV

L'OBITUAIRE
DES CORDELIERS D'ANGERS
1216-1710

IMPRIMERIE LAVALLOISE
EM.-M. LELIÈVRE
Laval et Paris

1903

OBITUAIRE
DES CORDELIERS D'ANGERS

Tiré à 100 exemplaires

Dom L. GUILLOREAU

MÉLANGES ET DOCUMENTS

CONCERNANT L'HISTOIRE DES PROVINCES D'ANJOU ET DU MAINE

IV

L'OBITUAIRE

DES CORDELIERS D'ANGERS

1216-1710

IMPRIMERIE LAVALLOISE

Em.-M. LELIÈVRE

Laval et Paris

1902

L'OBITUAIRE
DES CORDELIERS D'ANGERS

L'Obituaire des Cordeliers d'Angers, dont on trouvera le texte ci-après, se conserve aux Archives départementales de Maine-et-Loire [1]. C'est un volume de petit format (0m.17 de larg. ×0m. 21 de long , renfermant encore actuellement sous un cartonnage peu luxueux trente-neuf feuillets de parchemin assez bien conservés. Le manuscrit était jadis plus considérable, mais la main des hommes et l'injure du temps ne l'ont point épargné : des pages ont disparu, d'autres sont à moitié déchirées. De là plusieurs lacunes notables : du mois de septembre, il ne reste plus rien ; octobre est incomplet jusqu'au quinze ; novembre à partir du vingt-quatre : en décembre, un premier hiatus s'ouvre entre le huit et le seize, un second s'étend du seize au vingt-quatre.

Au point de vue paléographique, notre registre n'offre qu'un médiocre intérêt. Il est même probable que nous n'avons affaire qu'à une simple copie, dont les plus anciennes notices, en beaux caractères gothiques, remontent à la seconde moitié du XV⁵ siècle. Au début de chacun des douze mois, le copiste a indiqué en rubriques le nombre respectif de jours et de lunes. Des lignes transversales, tracées au vermillon, divisent chaque page

---

1. H. Cordeliers, 16. C'est un don de M. de la Béraudière.

en quatre carrés ou sections destinés à recevoir les obits. En marge du côté gauche, le quantième du mois, en chiffres arabes, est accosté de la lettre dominicale correspondante : le tout écrit au minium et sans grande prétention calligraphique [1].

C'est surtout au seizième et au dix-septième siècles que les Cordeliers ont utilisé le codex que nous décrivons. Les notices de ces époques sont de toute main et de tout style et, pour faire place aux défunts qui se succédaient parfois assez rapidement, les scribes improvisés n'ont pas hésité à effacer, à biffer, à gratter, souvent d'une façon très sommaire, les mentions d'obits plus anciennes. D'où l'aspect un peu tumultuaire que présentent certains folios : il s'y rencontre des ratures, des surcharges, des interlignes, voire même des traces de doigts mouillés.

Le manuscrit français 22.450 de la Bibliothèque Nationale (ancien fonds Gaignières) renferme aussi un « Extrait de l'Obituaire des Cordeliers d'Angers » sur lequel nous désirons appeler l'attention, parce qu'il est plus complet en certaines de ses parties que l'exemplaire des Archives de Maine-et-Loire [2]. Cet « extrait » ne semble pas avoir été exécuté sur le manuscrit d'Angers. Il renferme en effet d'assez nombreux obits — surtout des obits du XIVᵉ siècle — qui ont été omis comme à dessein dans ce dernier. On sait le procédé familier aux copistes de Gaignières. Dans les Nécrologes et Obituaires, dont ils ont analysé une si grande quantité, ils ne relevaient d'ordinaire que les noms de personnages

1. Nous devons la copie du ms. d'Angers à l'obligeance d'un ami des bons et des mauvais jours, M. Ludovic Vielle : la description du volume nous a été communiquée par M. Saché, archiviste de Maine-et-Loire. Que l'un et l'autre veuillent bien recevoir ici toute l'expression de notre gratitude.

2. On trouvera de même dans les papiers de Baluze (Bibl. Nat., Arm. XXXVIII, fᵒˢ 54-55) un extrait de l'Obituaire des Cordeliers d'Angers beaucoup plus court que la copie de Gaignières, mais qui paraît dériver de la même source.

pouvant offrir de l'intérêt aux amateurs d'histoire provinciale, féodale ou généalogique. En ce genre l'Obituaire des Cordeliers d'Angers leur offrait une riche moisson et ils l'ont exploité largement, — circonstance qui nous vaut de pouvoir combler au moins en partie, grâce à leurs extraits, les lacunes regrettables signalées plus haut dans la copie angevine. Le registre conservé aux Archives de Maine-et-Loire représente au contraire un recueil conventuel, un volume qu'on lisait journellement au Chapitre, susceptible par conséquent de subir des retouches et de recevoir sans cesse de nouvelles additions. S'il était permis de risquer une conjecture, volontiers nous admettrions que les deux copies de Paris et d'Angers proviennent d'un exemplaire unique, celui qu'avaient sous les yeux les « commis en écritures » du collectionneur Gaignières. Libre toutefois à chacun d'y contredire[1].

La plus ancienne notice de notre Obituaire est celle d'un bourgeois d'Angers, Jean Chercuito, lequel vint en aide aux humbles débuts des Cordeliers en cette ville, et trépassa l'an 1216. Cette date sert d'ordinaire à fixer approximativement l'époque de l'arrivée des fils de saint François en Anjou, car l'on ne peut préciser leur établissement au moyen d'un document officiel comme pour les Frères-Prêcheurs. Pour rencontrer enfin une pièce de ce genre, il faut franchir une quinzaine d'années au delà. En 1231, nous trouvons les « Menours » établis près de la ville, hors de l'enceinte et dans le voisinage de vignobles qui appartenaient au

1. Un titre cité *in-extenso* par M. P. de Farcy dans sa *Famille des Boylesve* (Rev. de l'Anjou, t. XXXVII, 1898, p. 196-97) semble autoriser notre supposition. On y trouve la description sommaire « d'un livre en forme de calendrier escript à la main, contenant XXIIII feuillets de parchemin couverts de bazanne noyre « où sont escripts les jours des obits de ceulx qui sont décédés « et ont esté ensépulturez au couvent des Cordeliers de cette « ville d'Angiers. »... 1598. — Ce signalement ne répond guère à celui du registre actuel des Archives départementales.

Chapitre de Saint-Maurille. Sur cette propriété, l'évêque Guillaume de Beaumont leur fait céder par les chanoines l'emplacement nécessaire pour l'élévation d'une église, s'engageant à servir à ces derniers comme dédommagement une rente annuelle de soixante sous [1]. Mais il paraît que les gens de Saint-Maurille s'étaient exécutés plutôt chichement, car un peu plus tard, un doyen de Saint-Martin de Tours, Maurice Chamaillard, devra se porter acquéreur de nouveaux terrains en faveur des frères, afin de dégager les abords de leur couvent.

D'autres bienfaiteurs de cette période nous sont connus. C'est Jean de Seiches, curé de Rochefort [2], qui, en novembre 1264, inscrit les Cordeliers en tête de ses dispositions testamentaires pour un exemplaire « glosé » des évangiles de saint Marc et de saint Luc, puis pour une somme de dix livres vingt sols, ces derniers plus spécialement affectés à l'entretien de l'église. C'est Messire Yves, doyen de Saint-Maurice, auquel les religieux doivent la chapelle de leur infirmerie et que, par reconnaissance, ils inhument sous la lampe du sanctuaire ; c'est Macée, veuve de Pierre de Tours [3], qui dans son testament (5 mai 1265) assigne également une somme de vingt livres pour l'entretien de l'église des Mineurs ; ce sont enfin Perronnelle Dayncay et Jacques de Pon-

1. Guillermus Andegavensis episcopus... Noveritis quod canonici Beati Maurilii Andegavensis concesserunt ut fratres Minores haberent de vineis suis domui fratrum dictorum contiguis sufficienter ad constructionem ecclesiæ eorumdem. Nos vero volentes immunitates ecclesiæ Beati Maurilii conservare, canonicis et magistris capellanis ejusdem ecclesiæ cum consensu Capituli nostri sexaginta solidos in bursa nostra propria annuatim persolvendos contulimus... Datum feria quarta ante festum sancti Thome, anno 1231. (*Cartul. de Saint-Maurille*, f° 23).

2. « Lego in primis et do pro salute anime mee fratribus Minoribus Andeg. X libras et *Lucam* et *Marcum* glosatos : ad fabricam ecclesie eorum XX solidos. » (C. Port : *Inventaire des Archiv. anc. de l'Hôtel-Dieu d'Angers*. Documents. CLIII).

3. Testament de Macée, veuve de Pierre de Tours. (*Invent.* Documents. CLIV).

torson [1] qui, chacun de leur côté, comprennent les susdits au nombre de leurs légataires.

Néanmoins pour voir s'ouvrir la série des patrons illustres, il faut arriver jusqu'aux débuts du XIV⁰ siècle, et les premiers, les plus considérables de tous sont bien assurément les seigneurs de Craon. La Roë, Évron, Bellebranche, Savigny avaient recueilli tour-à-tour la dépouille mortelle des plus anciens membres de cette famille. Maurice V porta ailleurs ses préférences et fit élever dans l'église des Cordeliers la chapelle de Saint-Jean-Baptiste, dont l'enfeu devait abriter son dernier repos. C'est là qu'après lui vinrent dormir sous la bure franciscaine dix-neuf de ses parents ou descendants. Il y fut déposé tout le premier en février 1292 (v. s.). Sa mère, Isabelle de la Marche, puis sa femme, Mahaut de Malines, l'y rejoignirent, la première en 1299 v. s.), la seconde en 1306. Suivent dans l'ordre de leur décès :

Isabelle de Sainte-Maure, première femme d'Amaury III, morte le 15 décembre 1310.

Jeanne de Craon, fille de Maurice V et de Mahaut de Malines, morte le 25 août 1312.

Marie de Craon, sœur de la précédente, mariée à Robert de Beaumont, sire de Pouancé, et trépassée le 21 août 1322.

Béatrix de Roucy, deuxième femme d'Amaury III, morte le 7 novembre 1328.

Maurice VII de Craon, sire de Sainte-Maure, fils d'Amaury III et de sa première femme, mort le 8 août 1330.

Amaury III, père du précédent, mort le 25 janvier 1333 (n. s.).

Simon de Craon, fils d'Amaury III et de sa seconde femme, Béatrix de Roucy, mort à l'âge de sept ans, janvier 1334 (n. s.).

1. *Invent.* Documents. CLX, CLXI.

Isabelle de Craon, sœur du précédent, morte un mois plus tard.

Amaury, sire de Chantocé, fils aîné d'Amaury III et de Béatrix de Roucy, mort le 7 mai 1334.

Isabelle de Craon, dame de Clisson, fille de Maurice V. morte le 30 juillet 1350.

Guillaume de Lohéac, fils de la précédente, mort le 26 septemb: e 1356.

Amaury IV, fils de Maurice VII et de Marguerite de Mello, mort le 30 mai 1373.

Pierre de Craon, sire de la Suze, troisième fils d'Amaury III et de Béatrix de Roucy, mort le 19 novembre 1376.

Isabelle de Craon, dame de Sully, fille de Maurice VII et de Marguerite de Mello, morte le 2 février 1394 (n. s.).

Béatrix de Rochefort, femme de Jean de Craon, seigneur de la Suze et de Chantocé, morte le 1er février 1422 (n. s.).

Jeanne de Craon[1], veuve : 1° d'Ingelger d'Amboise ; 2° de Pierre de Beauvau, morte au château d'Angers le 28 décembre 1421.

Après les Craon, les Beauvau. Ceux-là aussi furent pour les Cordeliers de munificents amis. Ils avaient leur caveau dans l'église et aux vitraux flamboyaient leurs armoiries, accostant les portraits à genoux de

---

1. Voici l'épitaphe qu'on lisait autour de son tombeau :

Cy gist très noble dan.e, madame Jehanne
de Craon, veuve de feu Mess. mess. Ingerger
d'Amboyse, seigneur de Roche-Courbon, père
du seigneur d'Amboyse viconte de Thouars.
depuis femme de noble homme Messire Pierre
de Beauvau, chevallier et chambellan

du Roy, me et premier chambellan conseiller du Roy de Scicille. Laquelle trespassa au chasteau d'Angers le XXVIII
jour de décembre, l'an de grâce mil
CCCC et XXI. Priez Dieu pour elle.

(Bibl. d'Angers. ms. 995/a. p. 376-77). A la page suivante se trouve un dessin du tombeau.

quelques-uns d'entre eux. Voici les noms des membres de cette famille que l'on rencontre dans notre obituaire :

Jean de Beauvau, mort le 18 janvier 1469 (n. s.).

Jamet de Beauvau.

Macé de Beauvau, mort le 6 mars 1383 (n. s.).

Louis de Beauvau, sénéchal de Provence, mentionné au 19 juin.

Marguerite de Chamblay, femme du précédent.

Jeanne de Rouen, femme de Guillaume de Beauvau, mentionnée au 1er juillet.

Jeanne, femme de Jamet de Beauvau, mentionnée au 19 août et au 8 novembre.

N..., dame de Beauvau, avec la date du 9 octobre 1394.

Signalons de même trois de la Trémoille, seigneurs de Craon ou de Châteauneuf : François, mort en 1608 et mentionné au 20 février ; Antoinette de la Tour-Landry, mère du précédent, morte le 20 mars 1585 et dont les restes ne vinrent rejoindre ceux de son fils aux Cordeliers qu'après un long séjour en l'abbaye de Saint-Nicolas ; Georges de la Trémoille[1], mentionné au 6 mai.

Dans les rangs de la bourgeoisie angevine les Franciscains devaient rencontrer des sympathies non moins effectives. Les uns donnèrent leurs enfants, d'autres fondèrent des anniversaires, d'autres enfin embellirent le couvent de leurs dons. Tels, dame Anne Louet qui, en 1581, lègue aux frères une belle tapisserie représentant l'*Enlèvement d'Hélène*, ou encore le sieur de Montagne, qui en 1596 remplace le pauvre lutrin du chœur par un aigle en cuivre[2]. Entre ces bienfaiteurs de second ordre, les Boylesve ont droit à une mention spéciale. Eux aussi eurent leur chapelle chez les Cordeliers, — la chapelle de Notre-Dame de Montserrat, — élevée sur la fin du XVIe siècle par le sieur de la Morouzière pour

---

1. Le 13 septembre 1446, Catherine de l'Isle-Bouchard, mère de Georges de la Trémoille, reconnaît devoir aux Frères-Mineurs d'Angers la somme de 20 livres.

2. *Journal de Louvet* (Revue de l'Anjou, 1854, t. II. p. 300).

abriter ses restes et ceux de sa parenté. Par malheur notre obituaire est loin d'avoir enregistré au complet les noms de tous ceux de cette famille qui y furent inhumés. Il ne mentionne que les suivants :

Jean Boylesve, sieur de la Boureliére, au 12 février.

Maurice Boylesve, écuyer, sieur de la Brisardière, au 15 mars.

Etienne Boylesve, écuyer, au 12 avril.

Gabriel Boylesve, au 13 avril.

Françoise Boylesve, au 30 mai.

Philippe Prionleau, au 10 juin.

Marin Boylesve, sieur de la Morouzière, au 4 juillet.

Louis de Boylesve, sieur de la Gillière, au 11 novembre.

François Boylesve du Viveret, au 23 novembre.

Anne Boylesve, au 15 novembre.

Parmi les gens de qualité « ensépulturés » aux Cordeliers, on peut citer en dehors de ceux que font connaitre nos deux copies : Jean Butin, docteur en médecine [1] (10 juillet 1584) ; M⁰ Christophe Butin, avocat, « trépassé d'une fièvre chaude [2] » (27 mars 1588) ; M⁰ Claude Barjot, conseiller d'Etat, seigneur de Moussy [3] (3 décembre 1592) ; M⁰ Guillaume de Barcler, écuyer, docteur régent en l'Université d'Angers, écossais de nation [4] (3 juillet 1608) ; M⁰ Jean Barbot, sieur du Martray, maire de la ville, avocat au présidial (24 mars 1628) ; honorable homme M⁰ Gilles Cupif, sieur de Teildras, décédé le 19 avril 1628, au lieu de la Mounière en Soulaines ; M⁰ François de Roye, docteur-régent en droit (25 janvier 1686) [5].

---

1. *Reg. par. de Saint-Maurille* (Invent. anal. des Arch. de Maine-et-Loire, série E, t. 1, p. 97).

2. Ibid., p. 97.

3. Ibid., p. 98.

4. Ibid., p. 98.

5. Ibid., p. 101.

Terminons par un relevé sommaire des noms de gardiens qui ont gouverné le couvent par la suite des âges :

Laurent Gelé, 4 janvier 1419.

François Champion, 7 janvier 1688.

Louis Cynoir, 9 janvier 1531.

Raoul le Doyen, 11 janvier 1287.

Jean Lorité, 25 janvier 1410.

Antoine Herpin, 18 février 1685.

Gilles Chéhère, 24 février 1618.

Bernardin Turpin, 1er mars 1490.

Etienne Radulphi, 10 mars 1551.

René Rouault, 14 mars 1601.

Guillaume Trabielis (?), 24 avril 1456.

Robert Commeau, 2 mai 1603.

Nicolas Chevreul, 9 mai 1603.

Pierre Martin, 18 mai 146...

Renaud du Verger, 22 mai 1388.

Jean de Avyceyo, 10 juin 1400.

René Berruier, 2 juin 1668.

Jean du Pré, 29 juin 1444.

Geoffroy Léveillé, 6 juillet 1347.

Jean des Roches, 4 août 1651.

Jean de Laillée, 4 août 1581.

Geoffroy Bugnon, 5 août 1443.

Pierre Pergamenarii, 26 août....

Jean du Tremblai, 17 octobre 1460.

Philippe Coterelles.

Constant Blazonneau, 27 octobre 1614.

Robert Tribuzaie, 31 octobre 1402.

Pierre François.

Jean Rabouy, 21 novembre 1617 [1].

Il suffira au lecteur de ces quelques aperçus pour se faire une idée générale du contenu de l'obituaire des

1. Le P. Ubald d'Alençon, capucin, a utilisé la copie d'Angers pour dresser la liste des Cordeliers qui ont étudié, pris leurs grades ou professé à l'Université de cette ville (*Etudes Franciscaines*, t. VI, 1901, p. 57-83).

Cordeliers d'Angers et apprécier à sa juste valeur la somme des renseignements qui s'y trouvent accumulés pêle-mêle. Nous n'avons qu'un regret, celui de présenter une annotation insuffisante en nombre de cas. De douloureuses circonstances, sur lesquelles il est inutile de s'appesantir, nous en ont empêché; mais tout au moins devions-nous cette explication à ceux qui voudront bien parcourir cette étude.

DOM LÉON GUILLOREAU,
Moine bénédictin.

APPULDURCOMBE-HOUSE
Ile de Wight.

JANUARIUS [1]

1. Kal. Obiit fr. Guillelmus de Guerchia [2], sacerdos et professus.

Obiit domina Laurencia de Sancto Supplicio, condam domina des Marays, sepulta in habitu sancte Clare.

3. III non. Obiit fr. Gaufridus Sibont [3], predicator, confessor et devotus.

Obiit honorabilis vir Magister Renatus de Fondetes [4], in

---

1. Au lieu de reproduire les lettres dominicales du mss des Archives d'Angers, nous donnons l'indication des jours d'après le calendrier romain employé dans la copie de Gaignières. Nous avertissons en même temps le lecteur que le texte en caractères plus fins représente les portions du mss de Paris non communes au mss d'Angers, dont le texte intégral est figuré en caractères ordinaires. Les quelques mots entre crochets sont des additions empruntées à la copie de Baluze. — Au cours de l'impression de la première partie de ce travail, le R. P. Ubald d'Alençon, capucin, a publié de son côté *l'Obituaire et le Nécrologe des Cordeliers d'Angers* (1216-1790). Angers, Germain et Grassin, 1902, in-16 de 118 p. Le R. P. a utilisé comme nous le manuscrit des Archives de Maine-et-Loire, plus une copie de Dubuisson-Aubenay, qui répond en partie à notre copie de Gaignières. A la suite de ces textes, le P. Ubald a inséré les notices d'un *Registre des décès des Religieux des Cordeliers*, depuis 1674, conservé à la mairie d'Angers. Ce dernier recueil est en français et renferme les noms des bienfaiteurs ou affiliés des Cordeliers inhumés dans leur église. Sa publication diffère de la nôtre par cette addition.

2. Ce mot est en surcharge et d'écriture plus récente.

3. Une autre main a ajouté au dessus : *on*.

4. Il était gendre de Jean de Blaron, sieur du Plessis-Florentin, et on le voit intervenir avec son beau-frère Hélye Chambret, et leurs neveux et nièce : Robert, René et Jacquette Chevreul, dans l'acte de partage de la succession des parents de sa femme. *Arch. de M.-et-L.* E. 1590.

2

legibus licenciatus, advocatus consistorialis pretorii Andegavie, anno 1521, sepultus ante imaginem Crucifixi.

4. II non. Obiit bone memorie fr. Laurencius Gelé, quondam gardianus hujus conventus, 1419. Item frat. Josephus Coumeau, laicus, 1687, qui multa bona huic conventui [procuravit].

Obiit nobilis domicella Katherina Rouillonne, condam uxor Alani de Capella [1], domina de Léchigné, anno 1427.

5. Non. Obiit bone memorie Pater fr. Joannes Ragot, qui bona fecit conventui, 1499.

6. VIII id. Obiit reverendus Magister noster fr. Joannes Bailif, 1564. Item reverendus Pater fr. Petrus Andrieu, conventus Parisiensis quondam procurator generalis, cujus vigilantia capitulum ejusdem conventus igne conflagratum magnifice restauratum fuit. quique præclaras eleemosinas huic domui... 1627.

Obiit nobilis vir dominus de Haya, presbyter, condam decanus ecclesie collegiate Sancti. .Andegavensis, anno 1427.

7. VII id. Obiit bone memorie nobilis Pater et frater Robertus ... 1559. Obiit honorandus admodum Pater Franciscus Champion, doctor Parisiensis, necnon hujusce provinciæ exprovincialis, olim hujus conventus guardianus, 1688.

8. VI id. Obiit Pater fr. Abel de la Boessière, sepultus in capitulo, 1551.

[Obiit illustrissima domicella de la Turre, devota Ordini et benefica, in habitu sancti Francisci sepulta in conventu fratrum beati Augustini hujus civitatis Andegavensis, 1509].

---

1. Alain de la Chapelle seigneur de Saint-Christophe-du-Luat (Mayenne), du Bois Hamelin, en Saint-Ouen-de-Brisoul (Orne) et de Léchigné, commune du Vieil-Baugé (Maine-et-Loire). Il était fils puîné de Jean de la Chapelle-Rainsouin et d'Ambroise Auvé. Il avait épousé : 1° noble femme Jeanne de Launay, qui testa le 26 septembre 1415 ; 2° Catherine de Rouillon avec laquelle il testa le 12 mai 1421. Ces renseignements nous ont été fournis par M. le Marquis de Beauchesne auquel nous sommes heureux d'adresser un merci.

9. V id. Obiit bone memorie reverendus Magister Pater frater Ludovicus Cynoir, sacre theologie professor ac gardianus hujus venerabilis conventus, 1531. Obiit Magdalena Le Vanier, que ordinavit fieri altare prope Imaginem sancte Appoloniæ et missam celebrari singulis diebus veneris, 1585. Item reverendus Magister Pater fr. Simeon Rousseau.... conventus Rhedonensis, 1617.

Obiit dominus Guillelmus de Bellemonte, dominus de Chastellois, anno 1455.

10. IV id. Obiit dominus Joannes Le Febvre, sepultus in sacello de ... 1545.

11. III i.l. Obiit bone memorie reverendus Pater fr. Joannes Carpentarii, sacre theologie professor egregius et predicator eximius, de cujus transitu per totam provinciam factus est ploratus et ullulatus multus : qui, dum viveret, habuit vitam laudabilem et in morte habuit finem laudabiliorem, anno Domini 1462.

Obiit bone memorie fr. Radulphus Decanus, lector et gardianus Andegavensis, 1287. Item reverendus Pater ac frater Cyprianus .. Galicier 1623.

12. Prid. id. Obiit illustris domina domina Margareta de Poytiers [1], condam vicecomitissa de Bellomonte, amica specialis et benefica Ordinis, anno Domini 1389.

14. XIX kal. Obiit mater fratrum nobilis domina Ysabellis de Marchia [2], domina de Credonio, 1299.

---

1. Deuxième femme de Jean II, vicomte de Beaumont au Maine. Elle était fille d'Aymar IV de Poitiers et de Sibylle de Baux. Marguerite avait élu sépulture en l'église de l'abbaye de Mélinais : c'est là qu'elle fut déposée à côté de son mari.

2. Isabelle de la Marche « dame de CLantocé et de Chatelais », veuve de Maurice IV de Craon. Elle était fille d'Hugues X de la Marche et d'Isabelle d'Angoulême. Un an et demi avant sa mort, le jeudi 7 août 1298, Isabelle avait fait don à sa fille Julienne d'une maison avec ses appartenances, sise en la rue de l'Asnerie « joust le chief de l'église ès frères Menours », donation que cette dernière transporta presque aussitôt aux Cordeliers, à la condition

15. XVIII kal Obiit dominus Magister Joannes Vivier, benefactor hujus domus : sepultus est ante altare Nominis Jesu, anno Domini 1594.

16. XVII kal Obiit frater Joannes Malidort, predicator, confessor. Obiit Pater frater Ludovicus Gueslan, confessor, 1591.

17. XVI kal. Obiit domina Genovefa Vallée, uxor deffuncti domini Joannis Va....., benefactrix hujus domus quæ obiit anno Domini 1595... ; ante altare Nominis Jesu sepulta est.

18. XV kal. Obiit nobilis dominus et prepotens dominus Joannes de Bellavalle [1], scutifer et senescallus Andegavie, devotissimus Ordini, sepultus in capella de

pour ces derniers de n'en prendre jouissance qu'« emprès son décès ». *Arch. de M.-et-L.*, Cordeliers, 46. Original scellé en cire brune sur queue de parchemin.

1. Jean, sire de Beauvau, fils puîné de Pierre et de Jeanne de Craon, son épouse. Il était seigneur de Sermaise, des Rochettes et des Essarts en Anjou ; baron de Manonville et de Borté en Lorraine. Ces deux dernières seigneuries lui étaient venues par sa femme Jeanne de Manonville, fille de Jean et d'Alarde de Chamblay.

Le tombeau de Jean de Beauvau se trouvait « derrière le second autel qui est au costé de la chapelle de Craon ». Autour de la plate-bande courait cette inscription :

> Cy gist noble et puissant seigneur de bonne
> Memoyre Jehan, seigneur de Beauvau
> Senechal d'Anjou, Gouverneur de Guyse
> Et capitaine d'Angers, conseiller et
> Chambellan du Roy et du Roy de Seicille
>   le
> XIX jour de janvier l'an mil CCCC
> LXVIII. Priez Dieu qua son ame face
> Pardon, Amen Pater noster.

Bruneau de Tartifume nous a conservé un dessin de ce tombeau. (Bibl. d'Angers, *ms* 995A, p. 376). — Le Chapitre de Saint-Maurice d'Angers prit part aux funérailles de Jean de Beauvau ainsi qu'il conste de ce fragment de délibération : « Die jovis 19 januarii 1468 Supplicatio.. dignaremur crastina die corpus defuncti... de Beauvau, senescalli Andegavensis, associare usque ad ecclesiam Fratrum Minorum ac ibidem exequias facere et tres missas cum solemnitate per tres canonicos celebrare... annuimus » (Bibl Nat., *Ms fr.* 22.450 p. 1.413).

Credonio, juxta matrem et liberos retro a'tare Nostre Domine Pietatis, 1468. Obiit Jametus de Bellavalle [1], amicus Ordinis specialis et in habitu fratrum sepultus.

21. XII kal. Obiit venerabilis Pater Carolus Magnan, prædicator et confessor, hujus conventus alumnus, anno 1684

22. XI kal. Obiit domicella Renata de Breslay [2], quæ multa huic conventui contulit bona, 1663.

23. X kal. Obiit bonæ memoriæ honorabilis mulier Anna Blouin, uxor honorabilis viri Ludovici Nicollas, domini de la Thoumasserie, 1593, hora quinta matutina.

24. IX kal. Obiit domicella Elisabeth Jacquelot, uxor nobilissimi domini du Plessis de Marens [3], anno 1618.
Obiit Mathea la Clerambaude, domina de la Chifollière, anno 1331.

25. VIII kal. Obiit venerabilis Pater frater Joannes Loriti senior, quondam gardianus et lector hujus conventus ac custos Bituricensis, 1410. Obiit honorabilis vir doctor Johannes Thomasseau, 1576.

26. VII kal. Obiit Simon de Credonio [4], in etate septem annorum anno Domini 1333. Item Almaricus [5], dominus de Credonio, devotissimus et bone conditionis, anno 1332.

1. Il était fils de Jean de Beauvau et de Jeanne de Coulaines : on le trouve dans l'entourage du prince de Tarente.

2. 1658. Testament de Renée Breslay, portant diverses donations pieuses en l'église des Cordeliers d'Angers. *Arch. de M.-et-L.,* E. 1822.

3. René Dupont, sieur du Plessis-Marans, avait fait élection de sépulture en l'église des Cordeliers. Elisabeth Jacquelot y fonda elle-même un anniversaire. *Arch. de M.-et-L.,* E 2.364.

4. Simon « appelé Maurice en confirmation ». Il était fils d'Amaury III et de Béatrix de Roucy, sa seconde femme. D'après une notice sur les tombeaux de la chapelle de Craon citée par Bruneau de Tartifume (Bibl. d'Angers, mss. 994A, p. 307) Simon de Craon serait mort à l'âge de sept ans.

5. Amaury III, fils de Maurice V de Craon et de Mahaud de

Obiit venerabilis Pater Joannes Roleti, lector, 1383.

27. VI kal. Vita functus est venerabilis Pater Joannes-Baptista Cronier, confessor et prædicator, hujus conventus alumnus, anno 1700.

28. V kal. Obiit venerabilis Pater Nicolaus Margaritau, prædicator et confessor hujus conventus, 1693.

29. IV kal. Obiit reverendus Pater fr. Valerius Guérin, prædicator et confessor, anno 1583.

Obiit nobilis dominus Dardayne, qui multum dilexit Ordinem et conventum, anno Domini 1509.

30. III kal. Obiit frater Robertus Bucheti, prædicator

Malines. Il avait épousé en premières noces Isabelle de Sainte-Maure qui lui donna un fils, et en secondes noces Béatrix de Roucy. Amaury multiplia ses témoignages d'attachement envers l'ordre franciscain. Dans son testament, dressé à Sablé le 1er mars 1312 (n. s.), il enjoint que, quel que soit l'endroit où il trépassera, son « cors soit aporté Angiers chiez les frères Meneurs, vestu de l'habit de l'ordre aux diz frères et mins en sépulture en la chapelle » fondée et édifiée chez eux par son père. Les obsèques terminées « tout l'arroy », qui aurait accompagné sa dépouille mortelle, devait être livré aux Cordeliers « excepté chevaux et armures de fer, se il i sont ».
Outre un legs principal de l'équivalence de deux cents livres, que les exécuteurs testamentaires devaient acquitter fidèlement, le sire de Craon laissait aux Mineurs : un muid de vin à prélever par eux sur ses dîmes de Châteauneuf l'espace de cinq ans après son décès, plus diverses sommes d'argent payables annuellement durant un temps déterminé et affectées soit au vestiaire des frères, soit à la fondation d'un anniversaire perpétuel et solennel pour son père, son aïeule, sa mère, sa « chière compagne » et pour lui-même. Une autre de ses volontés était qu'une lampe fût entretenue « a touz jouz mez » dans la chapelle de Craon. Les Cordeliers de Paris, du Mans, de Tours, de Loudun et de Poitiers figurent aussi dans ce très curieux document comme devant recevoir des dons. (*Bullet. de la Comm hist. et archéol. de la Mayenne*, 1892, p. 278-283. — Amaury III avait des goûts artistiques. Le 15 janvier 1339 (v. s.) on le voit faire marché avec « Jehan Papin dit Dhuy et Pierre de Launay, imagiers, à raison de 160 livres tournois pour la façon de deux tombes de pierre blanche de Nevers dans la chapelle de Craon aux Cordeliers d'Angers. (Bertrand de Broussillon. *Sigillographie des Seigneurs de Craon* : Cartul., n° 487, Bullet. de la Comm. hist. et archéol. de la Mayenne, 1892, p. 111).

et confessor, 1409. Item frater Michael Coupé, professus, 1581.

Obiit Rome R. P. frater Guillelmus de Valleguillonis, in sacra pagina doctor Parisiensis, vir bone vite et magne litterature, condam minister Turonie et confessor domine Marie, regine Francie, filius nativus comitis Dinanni, sepultus in *Ara cœli* sollempniter, presentibus pluribus cardinalibus et episcopis missis a Summo Pontifice, et cum fletu omnium nationum, anno Domini 1462.

FEBRUARIUS

1. Kal. Obiit domina Beatrix, uxor Joannis de Credonio [1], 1421.

Obiit nobilis domicella Margarita de Bosco, quondam vidua defuncti Roberti de Bosco, mater fratris Anthonii de Bosco, multum devota nostro Ordini.

2. IV non. Obiit illustris et prepotens domina domina Ysabellis de Credonio et de Suliaco [2], sepulta in habitu

1. Fille de Thibault de Rochefort et de Jeanne d'Ancenis. M. Bertrand de Broussillon a confondu la date de son décès avec celle du décès de sa sœur Jeanne de Montfort, arrivé le 18 juin 1521. (*Sigillogr des seigneurs de Craon*, Bullet. de la Comm. hist. et archéol. de la Mayenne, 1892, p. 276).

2. Elle était fille de Maurice VII de Craon et de Marguerite de Mello. Après la mort de son premier mari Guy XI de Laval (1348), elle convola en secondes noces avec Louis Ier, seigneur de Sully. Le 24 octobre 1389, Isabelle mandait à Jean des Prés, châtelain et receveur de Châteauneuf, d'avoir à payer chaque année aux Cordeliers d'Angers sur sa rente de deniers, froment, vin et cire, savoir : 20 livres en deniers aux termes de la Saint-Jean-Baptiste et de Noël par moitiés : quatre pipes de vin, un muid de froment, mesure de Châteauneuf et dix livres de cire au terme de la Toussaint (*Arch. de M.-et-L.*, H. Cordeliers, liasse 27). Dans son testament, dont l'analyse nous a été conservée par Dom Villevieille (Bertrand de Broussillon : *Sigillogr des seign. de Craon*, Cartul. n° 709), la dame de Sully ordonnait entre autres « qu'il lui fût fait une belle sépulture d'albâtre » dans l'église

sancte Clare, 1393, hujus conventus mater specialis.
Obiit venerandus Pater ac frater Joannes Julliot, quondam rector Sancti Andreæ Niorti, 1617.

Obiit dominus Hugo de Brisciaco, miles potentissimus in armis, anno Domini 1357.

3. III. non. Obiit domina Anna Pean de la... Obiit Stephanus .. Obiit reverendus Pater et frater Ludovicus Datin, confessor.

4. II non. Tali die illustrissimus dominus dominus Henricus de Britania, dispositus de Roma (*sic*), dedit isti conventui sollempnes reliquias SS. beati Francisci, beato Clare et aliorum sanctorum plurium. Obiit reverendus Pater Petrus Le Tourneux, prædicator et confessor, hujus conventus alumnus, 1676, qui huic domui procuravit bona multa.

5. Non. Obiit quarto hujus mensis frater Renatus-Nicolaus Gaultier, diaconus hujus conventus, anno 1703. Obiit dominus de la Bastardière, qui multa bona largitus est huic conventui. 1656.

6. VIII id. Obiit reverendus Magister noster et Pater Raymondus Chollet, 1505. Obiit Stephanus...

8. VI id. Obiit honorabilis Magister reverendus Pater et frater Aegidius Mabille, quondam hujus provinciæ diffinitor ac multorum conventuum guardianus, 1637. Item obiit reverendus Pater ac frater Franciscus Thibault, confessor, hujus conventus alumnus, anno 1663.

des Cordeliers d'Angers. Ce vœu fut pieusement exécuté Son tombeau se voyait au côté gauche de la chapelle de Craon, sous une grande arcade. Il était long de six pieds trois pouces, haut d'un pied huit pouces et large de trois pieds trois pouces. Il était couvert d'une dalle de marbre noir sur laquelle il y avait « un « rapport de marbre blanc, représentant une femme couchée de « son long, avec un ange de chaque costé de son chef, aussy « de marbre blanc... tenant chacqun de la main droicte une « discipline de trois cordons et de l'autre une bouette... » (Bibl. d'Angers, *ms.* 994A, p. 392).

9. V id Obiit frater Michael Froicelles, predicator et confessor, 1478.

10. IV id. Obiit frater Joannes Anglici, prædicator et confessor. Obiit frater Martinus de Turonia, sacerdos et confessor. Obiit Salmuri reverendus Pater Laurentius Cothier, predicator et confessor, olim ter guardianus Montisjani, anno 1677, filius hujus conventus.

11. III id. Obiit nobilis baro Mauritius, miles, dominus de Credonio [1], sepultus in capella quam fecit construere, 1292. Obiit reverendus Pater Franciscus Baillif, prædicator et confessor, quondam conventus Angeriacensis guardianus, hujus conventus alumnus, 1680.

12. II id. Obiit nobilis vir Johannes Boilesve [2], miles, dominus de la Bourelière, sepultus in capella regia anno Domini M.CCCC.... Obiit frater Petrus de Villabarob.... sacerdos et professus.

13. Idib. Obiit reverendus Pater Laurentius Davy La Bournée, confessor, 1664.

Obiit Johanna de Vendocino, nobilis domina de Haya, anno Domini 1303.

15. XV kal. Obiit Robertus Lanier, burgensis Andegavensis, anno Domini 1332.

16. XIV kal Obiit Pater frater Joannes Chauvin, sacerdos et confessor. Obiit frater Petrus Anthonii, doctor theologus, 1564.

---

1. Maurice V, fils de Maurice IV de Craon et d'Isabelle de la Marche. Ménage cite quelques-unes de ses dispositions testamentaires (1er février 1292. v. s.) et rapporte que ce seigneur demeura malade à Paris « estant de retour d'Angleterre » où il était allé en ambassade (*Hist. de Sablé*, p. 240-241).

2. Fils de Pierre Boylesve, gouverneur de Meung. Il servit successivement René d'Anjou, son fils le comte du Maine, puis le dauphin, futur Louis XI, qui se l'attacha en qualité de chambellan. Jean Boylesve avait épousé le 10 juillet 1444, à Angers, Anne Danon de la Bourlière, que le duc et la duchesse d'Anjou, présents au mariage, dotèrent de 1.000 écus d'or. (C. Port : Dict. hist... de M.-et-L., t. Ier, p. 471. — P. de Farcy : *Les Boylesve*, Rev. de l'Anjou, t. XXXVII, 1898, p. 492-97).

Obiit domicella Claude de la Roche, domina de la Choul-
lardière, sepulta ante imaginem Crucifixi, 1589.

17. XIII kal. Obiit frater Johannes Durand, sacerdos,
provisor bonus. Obiit Franciscus Hergault, laicus et
novitius, atatis suæ 26, anno Domini 1709.

18. XII kal. Obiit Salmuri, tempore sui gardianatus
reverendus Pater Antonius Herpin, doctor Parisiensis,
provinciæ bis definitor, totidem custos Bituricensis,
hujus conventus bis etiam guardianus, anno Domini 1685.
Obiit dominus Michael Madé, expertus organorum fa-
bricator, eoque tempore quo hujus ædis organis refi-
ciendis summopere et assidue laborabat, 1709.

Obiit Johaunes de Castrobrientii [1], [sepultus] ante altare
beati Ludovici episcopi, anno Domini 1312. [Obiit illustris
dominus... Blanc des Hommes, eques torquatus, sepultus
in choro juxta primos gradus majoris altaris, anno 1370].

19. XI kal. Obiit Anthonius Corbeau, 1614

20. X kal. Obiit venerandæ senectutis Pater frater
Anthonius Bourdelays, anno 1594. Obiit nobilis et præ-
potens dominus dominus Franciscus de la Tremoille [2],
marchio de Nermoustier, baro de Castronovo ultra Li-
gerim, anno Domini 1608.

Obiit Reginaldus de Rochadiré, miles.

21. IX kal. Obiit Pater ac frater Felix Oberne, confessor, ætatis suæ 58, anno Domini 1709.

22. VIII kal. Obiit reverendus Magister noster Jacobus Vervon [3], custos custodio et gardianus Lochensis,
anno 1568. Obiit... plier.. Domini 1601.

---

1. Il était fils de Jean de Châteaubriant, seigneur des Roches-
Baritaud et du Lion-d'Angers, et d'Isabelle Prévôte de Thouars,
dame de Chavannes. (P. Anselme : *Hist. généal.*, t. VIII, p. 705).

2 Fils unique de Claude de la Trémoïlle et d'Antoinette de
la Tour-Landry. Il avait épousé en 1584, Charlotte de Beaune,
dame de la Ferté-Milon. Son rôle fut actif durant les guerres civi-
les qui signalèrent la fin du règne de Henri III.

3. « Le vingt-quatrième jour dudict mois et an [février 1568],
« il mourut aux Cordeliers d'Angers un religieux nommé Vervon.

23. VII kal. Obierunt eodem die ac eadem fere hora frater ac Pater Josephus Dupont, prædicator et confessor, ætatis suæ 38; et frater Petrus Coissart, novitius laicus, ætatis suæ 20, anno Domini 1709. Item obiit Pater Charolus Boiteau, novitius clericus, ætatis suæ 21 (?), anno Domini 1709.

24. VI kal. Obiit honorabilis Magister noster Pater frater Aegidius Chebere, hujus conventus alumnus, doctor Parisiensis ibique guardianus. Ordinis sancti Francisci diffinitor generalis, olim provinciæ Turoniæ minister humilis ac ejusdem pater et conventus hujus guardianus, in cujus choro ante altare magnum inhumatum est corpus ejus, 1618.

25. V kal. Obiit nobilis domicella Izabellis de Credonio [1], 1303.

26. IV kal. Hac die anima venerandi Patris fratris Mathurini Berthelot, sacerdotis, migravit in cœlum, 1603. Obiit venerandus Pater ac frater Joannes Moreau, per multos annos hujus domus præses et vicarius, 1617.

Obiit Guillermus de Motha in etate sex annorum, sepultus in capella de Credonio ante altare Nostre Domine Pietatis, 1547.

27. III. kal. Obiit frater Matheus Domouche, sacerdos, 1472

Obiit nobilis domicella Agnes de Clays, condam domicella domine regine Secillie, anno Domini 1400.

28. II kal. Obiit illustrissima domina domina Isa-

« qui fust bien regretté, à l'enterrement duquel fust faicte une
« oraison funèbre par le gardien du Couvent des Cordeliers de
« Blois... ». (*Journal de Louvet*, Rev. de l'Anjou, 1854, t. Ier, p. 284-289).

2. Fille d'Amaury III et de sa deuxième femme Béatrix de Roucy « et ne fut oncques mariée, » ajoute l'auteur du Tableau des membres de la Maison de Craon, transcrit par Bruneau de Tartifume.

bellis[1], regina Sicilie, mater et benefica hujus conventus,
1452.

MARTIUS

1 Kal. Obiit honorabilis Magister biblicus in sacra
theologia frater Gervasius Turpins, custos hujus venerabilis custodie ac gardianus hujus conventus, 1490.
Item Thouartii, Pater ac frater Jul Crosnier, predicator
et confessor.

Obiit nobilis vir et devotus Ordini argentarius regis Sicilie Symon Le Brayer[2], 1300.

2. VI non. Obiit frater Andreas, ... laicus, 1551.

3. V Non. Obiit dominus Yvo, decanus Sancti Mau-
ricii Andegavensis, qui fecit fieri capellain infirmarii et
est sepultus sub lampade chori, 1268.

4 IV non. Obiit domina Coffin, anno millesimo quin-
quagesimo. Item nobilis Jacobus Chauvie, 1614.

5. III non. Obiit bone memorie Pater frater Joannes
Amyoti, qui temporibus suis fecit fieri imaginem beati
Patris nostri Francisci, ubi reliquie sunt recondite, 1489.

6. II non. Obiit Matheus de Bellavalle[3], amicus fratrum specialis, 1382.

1. Première femme du roi René. Elle était fille de Charles Ier,
roi de Lorraine, et de Marguerite de Bavière. Elle mourut au
château d'Angers le 28 février 1453 (n. s.) et fut enterrée à Saint-
Maurice. On la voyait « sur les vitres des Cordeliers d'Angers,
rapporte D. Montfaucon, priant Dieu à genoux, avec ses armes
à la manière des Dames, chargées de celles des Roiaumes, d'i-
chez, comtez dont son mari prenoit les titres ». (Monum. de la
Mon. franc., t. III, pl. XLVII).

2. Dès 1469, Simon Brayer était argentier et secrétaire de
Jeanne de Laval (Arch. des B.-du-Rh. B. 2.591). En 1480, il
porte le titre de « conseiller » de la reine de Sicile et continue à
être son argentier (Ibid., B. 2.510).

3. « Macé de Beaurau a beaucoup contribué à faire bâtir les
« cloîtres et autres lieux réguliers de ce couvent [des Corde-

7. Non. Obiit frater Bernardus de Capella, predicator, confessor. Obiit in conventu Cognacensi venerandus Pater Benedictus Baudoüard, confessor et organista, hujus conventus alumnus, 1703.

Nathanael de Fondettes, sepultus in navi, 1571.

8. VIII id. Obiit honorandus Magister noster Pater frater Franciscus Gisquet, hujus conventus alumnus, et doctor reverendissimi archiepiscopi Turonensis a juventute ad senectutem usque venerandam, sepultus in conventu Turonensi, 1592.

Obiit puer Petrus Ogier[1], filius domicelle Petronille Juffé, 1610.

9. VII id. Obiit reverendus Pater frater Nicolaus Caillau, sepultus in ecclesia unius parrochie, que est prope La Flèche, 1561.

10 VI id. Obiit Pater frater Stephanus Radulphy, quondam guardianus hujus venerabilis conventus, 1551. Hac die anima fratris... Goulart, diaconi, ex hoc sæculo migravit in cœlum, 1603.

11. V id. Obiit frater Petrus Jourdain. Obiit nobilis domicella Renée du Rousseau, alias dame des Vressières, 1522.

13. III id. Obiit reverendus Pater frater Joannes

« liers] et ses successeurs, ayant continué leur affection à ce mo-
« nastère, y ont donné des biens et ont fait mettre leurs armes
« en plusieurs lieux, et même dans l'église, de sorte qu'ils en
« sont réputés comme fondateurs. » (B. Roger : *Hist. d'Anjou*, Rev. de l'Anjou, 1852. t. 1er. p. 276). Ballain affirme que Maré de Beauvau fit bâtir, en 1281, l'église des Cordeliers et qu'il fut enterré au milieu du chœur, dans un caveau préparé pour lui et sa descendance. (*Annales et Antiq. d'Anjou*, Bibl. d'Angers, ms 847).

1. Pierre Ogier avait été baptisé le 13 janvier 1585 dans l'église paroissiale de Saint-Michel-du-Tertre : il eut pour parrain Messire Pierre de Ragane, évêque de « Roanne », doyen de Saint-Laud. (*Reg par. de S. Michel du Tertre* ; Invent. somm. des Arch. de M.-et-L., E. t. II, p. 109). On trouvera une généalogie des Oger d'Angers par Malleville, notaire royal, tirée des papiers de la famille aux Archives départementales de Maine-et-Loire, série E. 3,493.

Jevelot, 1562. Obiit bone memorie Pater frater Joannes Guerrier, 1539.

14. II id. Obiit honorandus Magister Pater frater Renatus Rouault, hujus dicti venerabilis conventus quondam guardianus et lector et in aliis pluribus, anno Domini 1601.

15. Idib. Obiit Mauricus Boyleve, scutifer et senator regine in supremo Britannie senatu, et dominus de la Brisardy(ère). Vivis excessit honorandus admodum ac optimus Pater ac frater Robertus Davy, Pictaviensis doctor, nec non facultati Andegavensi aggregatus, olim custos atque diffinitor multotiesque guardianus, hujusce conventus alumnus, 1706.

16. XVII kal. Obiit domina Maria Le Chat, anno Domini 1709.

17. XVI kal. Obiit reverendus Franciscus du bordage de L··.une-Martin.

20. XIII kal. Obiit nobilis et prepotens domina domina Anthonia de la Tour-Landry[1], ducissa de Roannoys, uxor DD. Claudii de la Tremoille, marchionis de Nermoustier et de Châteauneuf, anno Domini 1585. Obiit Salmurii frater Gabriel Huet, clericus, anno Domini 1704.

1. Antoinette de la Tour-Landry, dame de Saint-Mars et de la Jaille, était fille de Jean, baron de la Tour-Landry, comte de Châteauroux en Berry, et de Jeanne Chalot. Elle avait épousé Claude de la Trémoille en février 1537. C'était son second mari : le 19 novembre 1569, elle convola en troisièmes noces avec Claude Gouffier, grand-écuyer de France. Les « épousailles furent faictes « Angers, en la chapelle de Sainct-Eloy, rapporte Louvet, la« quelle dame avoit une robe de drap d'or, la queue de la« quelle estoit portée par un varlet de chambre, laquelle on « appeloit Madame la grant, monsieur la petit. » (*Journ. de Louvet* ; Rev. de l'Anjou, t. I, 1851, p. 299). — Les restes de la duchesse « du Rouanois », enfermés dans un cercueil de plomb, furent d'abord déposés en l'église abbatiale de Saint-Nicolas, dans un caveau sous le maître-autel. Ce n'est que le 7 mars 1608 qu'on les inhuma avec le corps de François de la Trémoille, son fils, chez les Cordeliers au-devant du grand autel de la chapelle de Craon. (Ibid. 1855, t. I, p. 15).

21. XII kal. Obiit bone memorie Pater frater Ludovicus Cinoir. Obiit Jacobus Bataille, hujus conventus hortulanus, 1704.

22. XI kal. Obiit reverendus Pater frater Joannes Faverelli, hujus conventus bacalaureus, 1490. Item reverendus Pater Antonius Galard, conventus Montisjani guardianus actualis et multoties alibi, 1699.

23. X kal. Obiit fr. Michael Guercif, sacerdos confessor, 1487. Obiit in conventu Nostræ Dominæ de Pontibus Pater frater Claudius Denyau, confessor, hujus conventus filius, anno Domini 1686.

Obiit domina Petronilla Bruneau, uxor Inberti Dorléans [1].

1. Imbert Dorléans, maître boucher d'Angers. Voici une pièce de vers que l'on trouve à propos du baptême de deux de ses enfants (28 mai 1533) dans le Registre des baptêmes, mariages et sépultures de la paroisse de Saint-Pierre d'Angers :

Le mercredy de may vingt et huytiesme
L'an mil cinq cens trois avec le trentiesme,
Eustache et Jéhan deux frères et sacher
Jumeaux et filz de Ymbert, maistre boucher,
Dict Dorléans, et Perrine Bruneau,
Sa femme espouse en honneur bien et beau.
Ces deux enfans ensemble procréèrent :
Quatre parains pour les deux acceptèrent
Et avec eulx deux notables maraines,
Solempnizant les choses souveraines.
Le premier fut Eustache, ainsi nommé.
Par deux parains de nom bien renommé,
Et la maraine aussi estoit de mesme
Faisaus l'honneur qu'appartient au baptesme :
L'un estoit dict maistre Eustache Georget,
Lycencyé aux sainctes loix subject,
Jean Daniel et Jehanne Barbetorte ;
Jehan le Hayez, homme d'honneste sorte,
Accompaigné de Pierre Fenouz, et
Maistre boucher, compaignon de bon het,
Avecques eulx Benoiste Bruneau dicte,
Nommèrent Jehan selon la loy escripte.
Maistre Symon Goyslard les baptisa
Qui justement tout le cas divisa.
Eustache et Jean sont les enfans nommez.
Jesus leur doint leur cours bien consommer.

Arch. de M.-et-L., Invent. somm. série E t. II, p. 124-125.

24. IX kal. Obiit Magister Petrus Duffé, quondam curio de Precilay. Obiit Pater ac frater Franciscus Caré, 1652.

Obiit nobilis domina Petronilla, uxor domini Juffay de Sacello Roseaco, 1539.

25. VIII kal. Obiit reverendus Pater ac frater Joannes Gervaise, tertii Ordinis, 1633.

26. VII kal. Obiit venerabilis Pater ac frater Jacobus Pottier, prædicator et confessor, hujus conventus alumnus et hujus aliquando vicarius et præses, ætatis suæ 76, anno Domini 1686.

Obiit domina Beatrix, quondam uxor domini Johannis de Britannia, comitissa Richemundiæ [1].

27. VI kal. Obiit frater Gaufridus Hylion, sacerdos et confessor. Obiit dominus de la Chasterie, consiliarius, 1555.

29. IV kal. Obiit frater Guillelmus Chenel de Gaudio, laicus, 1441.

30. III kal. Obiit dominus Renatus Solet, 1530

APRILIS

1. Kal. Obiit Pater frater Jacobus Deniau, sacerdos, 1609.

5. Non. Obiit frater Guillelmus Vindocinensis, sacerdos, prædicator et confessor. Obiit frater Petrus Brocier, sacerdos, 1564.

Obiit nobilis scutifer Gilbertus de Montepedon, sepultus ante capellam beati Francisci, 1488.

1. Béatrix, deuxième fille d'Henri III, roi d'Angleterre, et d'Éléonore de Provence. Elle avait épousé en 1259 Jean II, duc de Bretagne, comte de Richemond.

6. VIII id. Obiit frater Joannes de Gutta, sacerdos, confessor, quondam procurator bonus. Obiit frater Natalis de Leon, professus, 1586.

7. VII id. Obiit Pater frater Franciscus Testoris. Obiit reverendus Pater frater Petrus de Monterebelli, guardianus in pluribus locis, 1313.

8. VI id. Obiit frater reverendus Adulphus Regis, sacerdos. Obiit in senectute bona venerabilis Pater frater Petrus Courjaret, quondam lector et guardianus in pluribus conventibus, 1440. Obiit bone memorie Pater frater Petrus Roucelly, quondam biblicus hujus conventus ac filius nativus. 1540, post Pascha. Obiit reverendus Pater Renatus Gallet, predicator et confessor, hujus conventus vicarius, quondam Castrodunensis guardianus, 1664.

9. V id. Obiit frater Joannes Vateaux, sepultus in Rupella, filius hujus conventus.

10. IV id. Obiit Burginovi venerabilis Pater Ludovicus Viot, predicator et confessor, 1695.

11. III id. Obiit Corizopiti venerabilis Pater Petrus Héard, confessor, 1672.

12. II id. Obiit Stephanus Boylesve [1], scutifer et miles regius, dominus d'Auversii et des Roches, anno Domini 1597. Sepultus retro majus altare, juxta altare Nostre Domine de Montserat.

1. Il était fils de Charles Boylesve, écuyer, seigneur d'Auvers, et de demoiselle Gatienne Charlot. Il avait épousé d^lle Thierrye Vignoys, fille de René Vignoys, docteur en médecine, laquelle lui survécut. Dans son testament passé à Angers le 30 mars 1597 devant Deillé, notaire, Etienne Boylesve stipulait entre autres la fondation « d'une messe à perpétuité, chaque vendredi de l'année, en la chapelle de nouveau édifiée par Messieurs de Boylesve, ses cousins, au côté senestre du grand autel de l'église des Cordeliers d'Angers.... » Il donnait à ce 12₤ 10 den. de rente aux religieux et demandait à être inhumé dans la dite chapelle. En novembre de la même année, sa veuve augmenta cette fondation d'une rente de 5₤ 10 den. (P. de Farcy. *La famille Boylesve* : Rev. de l'Anjou, t. XXXVIII, 1899, p. 129-130).

13. Idib. Obiit Gabriel Boylesve, scutifer et miles regius, dominus d'Auversii, anno 1619.

15. XVII kal. Obiit venerabilis Pater ac frater Petrus Hardy, prædicator et confessor, quondam conventus Sancti Maxentii guardianus et alibi superior, anno Domini 1704.

16. XVI kal. Obiit frater Henricus, laicus professus.

17. XV kal. Obiit frater Vincentius Bryault, prædicator et confessor, 154....

18. XIV kal. Obiit frater Joannes Bovier, predicator et confessor, 1333. Obiit frater Petrus Graculus, predicator et confessor, 1529. Obiit reverendus dominus frater Carolus Le Moyne, 1602. Item bono memorie Pater ac frater Henricus Robin, 1616.

19. XIII kal. Obiit frater Matheus de Claro Monte, predicator et confessor. Item frater Daniel Cormerays, laicus, 1660.

Obiit dominus Guillelmus de Gournesse, miles, quondam balivus Andegavie, [specialis amicus Ordinis], sepultus in habitu fratrum, 1286.

20. XII kal. Obiit venerabilis Pater frater Joannes Picot, sacerdos et prædicator, hujus conventus filius, 1528.

21. XI kal. Obiit domina Joanna du Pont, 1661.

22. X kal. Obiit reverendus in Christo Pater et dominus dominus Olivarius Prestoris, episcopus Sydoniensis, filius nativus hujus conventus, 1550. Obiit venerabilis vir Magister Ludovicus.... 1626.

23. IX kal. Obiit venerande senectutis Pater frater Gentianus Hestlet, 1570. Item obiit venerabilis Pater Jullianus Planchenault, theologus et hujus conventus vicarius, anno 1641.

24. VIII kal. Obiit bono memorie Pater frater Guillelmus Trabiely, quondam guardianus hujus conventus

atque custos hujus custodie et filius hujus conventus, 1456. Obiit frater Ludovicus de Rocha, predicator et confessor.

25. VII kal. Obiit reverendus Pater frater Petrus Richard, hujus venerabilis conventus sacrista, 1560. Obiit anno Domini 1708, ætatis suæ 48, reverendus ac sapientissimus Pater Jacobus Tornatory, doctor Parisiensis, multis in locis olim guardianus, custos provinciæ, hujusce conventus alumnus. Vita functus est in urbe La Guerche, diœcesis Rhedonensis, post verbi Dei annuntiationem, tempore quadragesimæ.

Obiit nobilis scutifer Johannes de Chabanais, dominus de Comporteiz, 1493.

26. VI kal. Obiit bone memorie Pater frater Simon de Sancto Karoloperno, quondam minister Turonie et predicator egregius. Item... Nicolai Morvan, 1632.

27. V kal. Obiit bone memorie Pater frater Guillelmus Vivien, hujus conventus sacrista, 1553. Item bone memorie Pater ac frater Daniel G..., anno Domini 1614.

28. IV kal. Obiit frater Matheus Tavernyer, quondam guardianus in pluribus locis, 1332. Item reverendus admodum Pater ac frater Ludovicus Cayon, provincialis Franciæ, doctor Parisiensis et lector in sacra theologia jubilatus, qui in hoc conventu diem ultimum clausit dum commissarii generalis munere et officio fungeretur in hacce provincia, 1650.

30. II kal. Obiit devotissimus frater Oliverius de Regalitate, sacerdos et professus, quondam capellanus domini Almauricii, domini de Credonio. Item obiit frater Joannes de Montferrandi, sacerdos et confessor. Item obiit frater Joannes de Prato, dyaconus, 1462.

MAIUS

1. Kal. Obiit frater Guidoniaris, quondam lector in

pluribus locis. Item frater Nicolaus Parvi, confessor illustris domine domine Yzabellis d'Avaulgour, 1399.

2. VI non. Obiit Bituricis gardianus et custos ejusdem custodie M. N. P. F. Robertus Commeau [1], quondam guardianus hujusce venerabilis conventus et in aliis, qui multa bona largitus est huic conventui, anno Domini 1603.

3. V non. Obiit frater Joannes de Haunou, sacerdos et confessor.

[Obiit] domina Beatrix de Miramda, condam domina de Chantleaco, sepulta in habitu sancte Clare.

4. IV non. Obiit illustris ac prepotens domina domina Ysabellis d'Avaugourt [2], vice comitissa de Thoarcio, hujus conventus specialis mater et benefica, sepulta ante altare sancte Magdalene in habitu sancte Clare, 1300.

---

1. Le P. Commeau tenait pour la Ligue comme tous ses confrères. Il eut de ce chef des démêlés avec l'évêque Miron et avec le gouverneur Puycharic. (*Journ. de Louvet*: Rev. de l'Anjou, t. II, 1854, p. 288-89).

2. Le tombeau d'Isabelle d'Avaugour se trouvait au sortir de la chapelle de saint Bernardin, à droite du maître-autel. Il se composait d'un édicule gothique reposant sur quatre piliers de tuffeau et environné d'une grille de fer. Sous le monument, très orné et très riche, il y avait « une figure en relief, dont le chef et les mains étaient de marbre blanc, le reste du corps en pierre dure. » Autour, sur la plate-bande, on lisait :

> Cy gist Ysabeau d'Avaugour, fille de noble
> Homme Monsieur Henri, jadis seigneur
> D'Avaugour, et de noble dame Jeanne
> De Harcour. Et ladicte Ysabeau
> Espouse de noble homme monsieur Louys,
> Jadis vicoute de Thouars : Et trespassa
> Ladicte Ysabeau l'en de grace mil CCC [C].

Cette inscription était entremêlée des écussons des d'Avaugour, des Châteaubriant et des de Thouars. Isabeau était représentée avec l'habit des Cordeliers : à ses pieds deux levrettes soutenaient un écusson en losange parti : au 1er d'or, semé de fleurs de lis d'azur, au franc-quartier de gueules, qui est Thouars ; au 2e d'argent, au chef de gueules qui est d'Avaugour. Bruneau de Tartifume a donné un dessin de ce tombeau. (Bibl. d'Angers. Mss 994 A, p. 419).

5. III non. Obiit bone memorie vir religiosus Magister Joannes David... theologus, quondam multorum conventuum gardianus, 1552. Obiit Joanna, condam filia Radulphi Albi, devota Ordini et benefica multum, 1289. Obiit Castroduni frater Joannes Gallière, clericus ac hujus conventus alumnus, ætatis suæ 16 et sex mensibus, anno Domini 1710.

6. II non. Obiit felicis recordationis sanctissimus in Christo Pater et dominus dominus Alexander papa quintus [1], ordinis Fratrum Minorum, 1410. Obiit Pater frater Clemens Latelis, predicator et confessor, filius hujus conventus, qui habuit finem laudabilem. Obiit dominus Georgius de la Trimolle et de Credonio, ? 14...

7. Non. Obiit Almauricus de Credonio, quondam dominus de Chantoceyo [3], 1333. Obiit frater Petrus Davy, sacerdos, anno Domini 1593

8. VIII id. Obiit R. P. Bonaventura Tibault, prædicator confessor.

Obiit nobilis ac prepotens dominus Johannes de Croy [4],

1. Pierre Philardi, natif de l'île de Crète. Entré tout jeune dans l'ordre des Mineurs, il alla étudier en divers endroits et vint en dernier lieu à l'Université de Paris, où il s'acquit renom par sa science. On l'appelait alors maître Pierre de Candie. Le duc de Milan, Galeas Visconti, voulut l'avoir près de sa personne et s'éclairer de ses conseils. Il passa sur les sièges de Vicence et de Novare, devint archevêque de Milan, fut créé cardinal du titre des Douze Apôtres par Innocent VII et finalement les cardinaux réunis à Pise l'élurent pape le 17 juillet 1409, pour mettre un terme aux compétitions d'Innocent VII et de Grégoire XII. Alexandre V ne gouverna l'Eglise que neuf mois, et mourut à Bologne le 3 mai 1410. Son corps fut inhumé dans l'église des Frères Mineurs de cette ville.

2. Seigneur de Craon, de Jonvelle, de Rochefort et de l'Isle-Bouchard, plus connu sous le nom de *Sire de Craon*. Louis XI, qui se l'était attaché, lui confia plusieurs commandements importants. Mais à la suite d'un échec devant Dôle il tomba en disgrâce et se retira dans ses terres. Il mourut en 1481 sans laisser d'hoirs. Le 8 novembre 1465, il avait épousé Marie de Montauban.

3. Fils aîné d'Amaury III de Craon et de Béatrix de Roucy.

4. Il était fils puîné de Jean Ier, sire de Croy-Renty, et de Marguerite de Craon-Dommart, dame de Tour-sur-Marne, veuve

dominus de Tour-sur-Marne, de Brebières, de Loalles, de Saint-Leu-ou-Bois et vicecomes de Furnes in Flandria, anno Domini 1484, die 8ᵃ maii, hora 7ᵃ sero, in die sabbati ante *Jubilate*.

9. VII id. Obiit frater Petrus Coze et sepultus in capella sancte Clare, 1552. Ex hoc seculo migravit in cœlum anima honorandi Magistri nostri Patris ac fratris in sacra theologia doctoris Nicholai Chevreuil [1], hujusce venerabilis conventus Andegavensis guardiani nobilissimi, 1603.

Obiit domicella Johanna d'Aunyères [2], sepulta ante altare Beate Marie de Rosa, 1513.

10. VI id. Obiit Guillelmus de Mota. 1349. Item frater Guillelmus Acart, sacerdos et predicator.

11. V. id. Obiit Petrus Ogereau, dominus de la.... in choro ex parte claustri, 1617. Obiit reverendus Pater Franciscus Dumont, prædicator et confessor, hujus conventus alumnus, 1672.

13. III id. Obiit frater Michael Peschereau, laicus, anno Domini 1658, ætatis suæ 45.

14. II id. Obiit frater Joannes de Compiniaco, condam minister Turonie. Item frater Martinus, quondam abbas de Troncheto. Item frater Egidius, predicator et confessor. Obiit Pater frater Radulphus Daté, lector

en premières noces de Bernard de Dormans. Ce Jean de Croy fut très en faveur auprès du duc de Bourgogne, Philippe-le-Bon, qui le fit chevalier de la Toison d'Or et lui confia diverses missions importantes. Il avait épousé Marie de Lalain, dame de Quiévrain : c'est d'eux que descendent les comtes et plus tard les princes de Chimay.

1. « Le vendredy neufvieme jour de may mil six cent trois, « M. Chevreul, relligieux, gardien du couvent des Cordeliers « d'Angers, est mort audict couvent de la malladie de la con- « tagion, et le samedy dixième jour en suivant, l'église et « toutes les portes pour y aller ont esté fermées, à raison de la- « ditte malladie de contagion qui estoit audict couvent. » (*Journal de Louvet*: Rev. de l'Anjou, 1865, t. II, p. 388-89).

2. Jeanne d'Aulnières, femme de Guillaume de Loré, chevalier. (Arch. de M.-et-L., E 1.429)

et devotus frater 1498. Item frater Joannes Le Febvre, anno 1574.

16. XVII kal. Obiit Pater ac frater Alexius Georges, organista, 1658.

17. XVI kal. Obiit venerabilis Pater des Los, prædicator et confessor in conventu Rhedonensi, 1688.

18. XV kal. Obiit reverendus Pater frater Petrus Martini, qui fuit lector et gardianus in pluribus conventibus, qui obiit gardianus hujus venerabilis conventus, 146...

Obiit nobilis dominus dominus Karolus [1], quondam princeps Tharentine, anno Domini 1404. Eodem die obiit Anthonius Le Bigot, diocesis Briocensis, 1549.

20. XIII kal. Obiit honorabilis vir Magister Thomas Dovius, qui ordinavit suffragium die Purificationis beate Virginis in altari Nostre Domine de Rosa, 1549. Obiit venerabilis Pater Jacobus Poulain, prædicator et confessor, 1707, ætatis suæ anno...

Obiit nobilis domicella Thomina de Furno, sepulta in habitu nostro, anno 1400.

21. XII kal. Obiit Nicolaus Baudechelli, sacerdos et professus, 1354. Tali die obiit vir religiosus et honorabilis Magister noster Petrus a Cornibus, 1543.

22. XI kal. Obiit frater Reginaldus de Viridario, condam guardianus Aurelianensis atque istius loci, 1388.

23. X kal. Obiit frater Joannes de Riparia, condam gardianus istius loci. Obiit honorabilis et nobilis vir dominus Petrus Gourreau [2], dominus de la Roche-Joulain.

1. Fils de Louis I⁽ᵉʳ⁾ d'Anjou et de Marie de Blois. Il était comte du Maine, du Roussillon et de Beaufort. Le corps de ce prince fut inhumé en l'église de Saint-Maurice d'Angers.

2. «Le vingt-deuxième jour de may, M⁽ᵉ⁾ Pierre Goureau sieur de la Roche-Joullain, fils de M. l'argentier Goureau de Beaupréau, décéda Angers. » (*Journal de Louvet*: Revue d'Anjou, 1851, t.

[Obiit nobilis miles dominus Leo de Coaymes [1], capitaneus Andegavensis.

24. IX kal. Obiit domina domina Claudia Thabory, uxor domini... de la Lande... Regis in curia... Obiit venerabilis Pater Petrus Prevost, prædicator et confessor, qui fuit ter guardianus Montisjani, dum esset confessarius monialium Thoarcensium, ætatis 68. Obiit domicella Maria... huic conventui amica.

25. VIII kal. Obiit Jo[annes] Chercuite, fratrum beneficus specialis, 1216 [2], vivente adhuc beato Francisco, qui obiit anno Domini 1226, 4° octobris. Obiit reverendus Magister noster Pater ac frater Renatus Subleau... 62. Obiit reverendus Pater Nicolaus Brouard, prædicator et confessor, qui huic conventui (cujus erat bene meritus) multa procuravit bona. ætatis suæ 83 anno, anno Domini 1681.

Eodem die obiit nobilis dominus Michael de Cherbaye, dominus d'Ardaine, sepultus in capella de Credonio juxta januam sub rota, cum prima uxore sua. XXV maii 1490 (?).

26. VII kal. Obiit venerabilis Pater Renatus Repussart, prædicator et confessor, anno Domini 1673, hujus conventus alumnus.

27. VI kal. Obiit frater Jacobus Lemarié, novicius, 1524. Obiit Pater frater Petrus de Savoye, 1532.

28. V kal. Obiit reverendus Pater Franciscus Porcher, prædicator et confessor, 1667.

II. p. 4-5]. Par son testament, Pierre Goureau laissait aux Jacobins et aux cordeliers d'Angers une rente annuelle de trois cents livres pour entretenir dans leurs études cinq jeunes novices des deux ordres.

1. D'après M. Alanis *(Les Coësmes, seigneurs de Luché et de Pruillé. Rev. hist. et archéol. du Maine. t. XII, 1882, p. 59)* « Lyon de Coësmes représentait un autre rameau de la branche aînée, fixé à la Fontaine d'Oulille depuis un certain temps... » Les de Coësmes étaient originaires d'Ancinnes, au pays du Maine.

2. La seconde moitié de cette notice, à partir de *vivente adhuc* a été ajoutée de seconde main.

Obiit nobilis domicella Anna de Montortier, domina du Bignon, sepulta in habitu fratrum, 1524.

29. IV kal. Obiit frater Joannes de Verselay, laicus et professus. Obiit frater Petrus Pillardy, prædicator et confessor, 1482. Obiit frater Jacobus Riffault. Item ab hoc sæculo migravit Pater ac frater Ludovicus Belot, prædicator et confessor, 1638.

30. III kal. Obiit nobilis et prepotens dominus dominus Almauricus de Credonio [1], 1373.

31. II kal. Obiit frater Matheus du Val, predicator et confessor, 1552. Obit venerande senectutis Pater frater Joannes Britonis. Obiit æternæ memoriæ honorandus Magister noster Pater ac frater Matheus Le Heurt, doctor Parisiensis, hoc in conventu eximius sua in vita concionator, 1620. Obiit ultima die maii domicella Francisca Boylesve, domina de Beusse.

---

1. Fils de Maurice VII et de Marguerite de Mello. Son tombeau « long de six pieds neuf pouces, large de deux pieds neuf pouces, haut de deux pieds sept pouces, » se trouvait dans la chapelle de Craon, à main droite. Autour, on lisait cette inscription « commençant vers le bout des pieds » :

Lan M.CCC. treze soixante tant an
Y a qui bien les compte...
Trespassa penultième et tout lessa
Monseigneur Almauri par nom CCC
Appen.. de renom large pitoux
Misericors a toutes gens et visa et
Mora...
... les jours par ans, par
Moys. Sur tous autres bon chrestien
Priez Dieu, Amen...
Or priez Dieu que par sa grace, de
Ses pechez pardon luy face. Amen.

Bibl. d'Angers, mss 994 A, p. 387-88. Un dessin du tombeau se trouve à la page 389. — Amaury IV avait épousé Pernelle, fille de Louis de Thouars: il n'en eut aucune posterité et avec lui finit la branche aînée de la Maison de Craon

JUNIUS

1. Kal. Obiit frater Radulphus Malet, sacerdos et professus. Ipso die obiit frater Droco Picoti, sacerdos. Obiit nobilis vir Georgius de Cotlay. dominus de Que.. , Tre corensis, 1541.

2. IV non. Obiit frater Simon, sacerdos et professus. Obiit Pater frater Joannes Ferrant, prædicator, 1559.

3. III non. Obiit reverendus magister frater Anthonius de Bosco, hujus venerabilis [conventus filius] nativus, in sacra bacalarius formatus theologia.

4. II non. Obiit frater Joannes Audille. Obiit dominus Ludovicus de Charro, guardianus.

5. Non. Obiit frater Joannes Tannegui. sacerdos. Obiit Parisiis Bonaventura Bertrand, 1617.

6. VIII id. Obiit Olivierius Tornempne, quondam miles in seculo, sacerdos. Obiit venerandæ senectutis honorabilis magister noster Jacobus Simier, doctor theologus ac hujusce Facultatis Andinæ decanus, qui in festo Sanctissimæ Trinitatis, hora pomeridiana, dum prædicationis munere fungeretur, cessit e vita, Domini anno 1600.

7. VII id. Obiit Pater ac frater Stephanus Gaudin, qui e vita decessit in Britannia, anno Domini 1667.

8. VI id. Obiit Arnulphus Savary. diaconus. Item frater Martinus Ignardi, 1450. Obiit Gaspardus Bournay. Obiit Robertus de Mente, nepos domini Petri de Mente. [argent]arii regis Sicilie, sepultus in navi, anno Domini 1462.

9. V id. Obiit frater Guillelmus de Massai. novicius, 1370. Obiit frater Guillelmus Lemoine, 1579. Venerabilis

domicella Johanna Couraude, uxor domini Stephani Moreau [1], Andegavie thesaurarii, que obiit [anno] 1433, sepulta sub base ecclesie majoris

10. IV id. Obiit bone memorie Pater frater Joannes de Avyceyo, gardianus hujus conventus ac custos custodie Bituricensis. 1400. Obiit integerrimus Pater magister Joannes Sileris, doctor theologus, cujus memoria in æternum permaneat, 1555. Obiit nobilis domicella Philippa Priouleau [2], domina de la Brisardière, anno 1612.

11. III id. Obiit venerabilis Pater frater Joannes Landricii, predicator et confessor. Obiit frater Michael Perdriau, hujus conventus filius nativus, prædicator et confessor.

12. II id. Obiit Joannes Delaporte, mercator qui reliquit nobis duo servicia : unum hoc mense, alterum mense decembri.

13. Idib. Obiit venerabilis Pater ac frater Jacobus Chaílou, prædicator et confessor, 1651.

14. XVIII kal. Obiit frater Reginaldus de Bleon, sacerdos et prædicator. Obiit Margareta Couturier, 1574, pro qua hodie solenne celebrandum mortuorum officium.

15. XVII kal. Obiit Pater ac frater Julianus Cronier, prædicator et confessor. Item reverendus pater Ma-

---

1. Etienne Bernard, dit Moreau, seigneur d'Escueille. On trouve aux Archives départementales de Maine-et-Loire (E. 1652 copie des lettres de Charles VIII le nommant en l'office de conseiller et maître d'hôtel de la Reine. Les *Chroniques* de Perceval de Cagny le mentionnent avec Alain Lequeu, archidiacre d'Angers, comme mandataire de la reine de Sicile à la réunion d'Arras du 21 septembre 1435. (Chron. de Perceval de Cagny édit. Moranvillé, p. 199).

2. Elle était fille de M° Jean Priouleau, avocat, sieur de la Bourdinière, et elle avait épousé M° François Boylesve, ancien clerc chez son père, qui devint ensuite lieutenant de la prévôté. Louvet a inséré le nom de Philippa Priouleau en tête de la liste des « bourgeoises d'Angers » qui par vanité laissèrent leurs chaperons de drap et prirent le chaperon de velours pour y mettre « la coiffure des damoyselles nobles ». (*Journal*, Rev. de l'Anjou, 1854, t. II, p. 10).

thurinus Ferragii, quondam Sancti-Maxentii guardianus, 1662.

16. XVI kal. Obiit Pater ac frater Petrus Beaulieu, prædicator et confessor, 1688.

17. XV kal. Obiit anno Domini 1705. ætatis vero suæ 76° incepto, reverendus admodum ac sapientissimus Pater Stephanus Grezil, in absoluto illo tum ecclesiæ tum refectorii intestino opere solidoque ipsorum pavimento, necnon in datis bibliothecæ innumeris voluminibus, beneficus hujus domus alumnus : subtilis Sorbonæ doctor; zelantissimus olim hujus Provinciæ minister et provincialis, omnium FF. litteratorum præditorumque virtute summus amicus candidusque patronus ; prudens tandem ac pacificus super Sancti-Ludovici provinciam commissarius apostolicus, regius et generalis. Requiescat in perfecta apud Dominum pace et nunquam apud fratres moriatur memoria illius. Amen.

18. XIV kal. Obiit nobilis domina domina Johanna de Rochefort [1], quondam consors nobilis domini Joannis de Credonio, domina de Suza et de Chanptoceyo... Item Laurengadis de Andegavia [2], domina de Jallya et de Rocha Thalboth, hujus conventus valde benefica, 1442.

19 XIII kal. Obiit venerabilis Pater frater Joannes Guillehard, 1524. Obiit devota mulier M ... sepulta juxta altare Beate Marie de Rosaceo. Obiit dominus Ludovi-

---

1. Cette Jeanne de Rochefort était fille de Thibault de Rochefort et de Jeanne d'Ancenis. Elle ne fut jamais femme de Jean de Craon : son premier mari était un Montfort ; elle épousa en secondes noces Jean II de Rieux.

2. Fille de Robert d'Anjou, seigneur de la Roche-Talbot, et de Jehanne de Mascon. Elle avait épousé Tristan IV de la Jaille, seigneur de Beuxe. Après la mort de Pierre d'Anjou, son frère, décédé sans hoirs, elle eut en partage « la terre et seigneurie de la Roche-Talbot, de Grez-en-Bouère, de Saultré, d'Azé, du Coudray et Souvigné... » C'est par elle que la Roche-Talbot passa aux de la Jaille. (Marquis de Beauchesne : *Le château de la Roche-Talbot et ses seigneurs*, p. 50-58).

cus de Bella Valle [1], senescalus Provinciæ, qui] cum sua
uxore multa bona contulit huic conventui   Item obiit
frater Augustinus Charneau, laicus, 1646.

Dominus Johannes Evigilatus, m..es, quondam dominus
de la Chiffollière, [in habitu fratrum, anno] 1347.

20. XII kal. Obiit nobilis prepotens domina Margarita [de] Chamblay [2], quondam uxor domini Ludovici de
Bella Valle, militis ac seneschali Andegavie, Ordini de-
votissima, sepulta in medio chori, 1456. Obiit frater

---

1. Seigneur de Champigné et de la Roche-sur-Yon, chambellan du roi René, dont il fut l'ami et le confident, grand sénéchal
d'Anjou et de Provence. Il était fils aîné de Pierre de Beauvau
et de Jeanne de Craon. De son union avec Marguerite de Chamblay, il n'eut qu'une fille, Isabelle, mariée à Jean de Bourbon,
comte de Vendôme. Louis de Beauvau mourut en 1462. Il était
représenté à genoux aux côtés de sa femme dans un vitrail de
l'église des Cordeliers situé derrière le maître-autel et sur sa
cuirasse on voyait ses armes : *d'argent à quatre lions de gueules
couronnés d'or*, écartelé *losangé d'or et de gueules*, qui est de
Craon. — Le 1er mai 1462, Louis, sire de Beauvau, abandonne
aux Cordeliers d'Angers la dîme de Sainte-Catherine, assise en
la vallée de Saumur, és paroisses de Saint-Lambert et de Ville-
bernier, pour la fondation d'une messe à notes que lesdits religieux
devront célébrer chaque jour pour le repos de son âme et
« d'icelle de sa très chère sœur et épouse, dont Dieu ait l'âme » ;
laquelle dîme acquise de Gilles de Maillé, sieur de Brézé. Comme
les Cordeliers ne pouvaient posséder « bien propre, » les officiers
du sire de Beauvau étaient obligés de fournir en nature, à même
la ferme de cette dîme, les articles suivants : quinze setiers de
froment, quinze setiers de seigle, trois setiers de pois et trois setiers de fèves, mesure d'Angers ; plus, sur la terre de Beaulieu-
lès-Saumur, deux pipes de vin et cent sols pour le luminaire.
Cet acte est expédié de Tarascon. (*Arch. de M.-et-L., H. Cordeliers, liasse 4*).

2 Elle était fille de Ferry, seigneur de Chamblay en Lorraine ;
sa mère appartenait à la famille de Launoi. Dans le vitrail de
l'église des Cordeliers, dont il a été parlé à la note précédente,
Marguerite était représentée à genoux, vêtue d'une jupe mi-
partie aux armes des Beauvau, mi-partie à celles de Chamblay :
*de sable à la croix d'argent, couronnée de quatre fleurs de lis
d'or* [D. Montfaucon : *Mon. de la mon. franç.*, t. III, p. 267]. Les
Cordeliers étaient tenus de célébrer journellement pour le repos
de l'âme de cette dame une messe de *Requiem* « à basse voix »
et recevaient à titre de rémunération « deux pipes de vin bien et
duement conditionnées du crû des vignes du Buron et de l'ap-
pentis Reillion, plus cent sols sur la terre et ferme de Beaulieu,
l» tout de rente... » (*Arch. de M.-et-L., H. Cordeliers, liasse 4.)

Georgius Boutin, prædicator et confessor, 1546. Obiit Pater frater Mathurinus Ermoin, prædicator et confessor, anno Domini 1599.

21. XI kal. Obiit bone memorie Pater frater Stephanus de Haya, 1546. Obiit Pater frater Julianus Theobald, prædicator, 1509. Item clarissimus et nobilissimus dominus Franciscus Lanier [1], christianissimi regis a secretioribus consiliis in curia Andegavensi primarius et antiquior præses, pater et amicus specialis hujus conventus, 1689.

22. X kal. Obiit ad aquas Borbonicas reverendus Pater Renatus Berruer, doctor theologus, quondam provinciæ difinitor necnon hujusce conventus alumnus et pro secundo guardianus, sepultus in conventu de Chamaigre, provinciæ divi Bonaventuræ, 1668. Item obiit bonæ memoriæ honorabilis mulier Catharina Mabit, uxor honorabilis viri Esnault, 1696.

23. IX kal. Obiit frater Jacobus Fermé, prædicator et confessor. Obiit frater Petrus Loyseau, novitius, 1522. Obiit venerabilis Pater Carolus Froger, prædicator theologus et olim ter guardianus Montis Jani, 1688.

24. VIII kal. Obiit in conventu Vindocinensi, ubi tum superior erat, R. P. Ludovicus Bonaventura Blouin, prædicator theologus, conventuum Barbesiliencis et San-Maxentii olim guardianus, anno Domini 1684. Obiit nobilis domina Mathea de Pleciaco Clerenbaudi, domina de Plessio, sepulta in habitu sancte Clare, anno 1328. Item do-

---

1. « Le lundy, environ minuict, vingtième jour de juin, *obiit* messire noble homme François Lasnier, conseiller du Roi en ses conseils d'Etat et privé, ci-devant lieutenant-général, et depuis premier président en la sénéchaussée d'Anjou, seigneur de Sainte-Gemmes-sur-Loire, lequel fut irhumé en sa chapelle desservie en l'église Saint-Michel-du-Tertre, audit Angers, procession faicte par le curé dudit Saint-Michel, son vicaire et chapelain, avec les quatre Mendiants de la dite citée, en présence de plus de huit mille personnes, la sépulture faicte le mardy sur les neuf heures du soir. » (Reg. par. de Sainte-Gemmes-sur-Loire : *Invent. somm., série E., t. II, p. 296.*)

minus Yvo de la Jaille, miles, [sepultus in habitu fratrum anno] 1294.

27. V kal. Obiit venerabilis Pater frater Jacobus Christiani, prædicator et confessor, qui laudabiliter servivit in domo de Credonio LII annis, 1366. Item bone memorie frater Stephanus Joucelin, qui sacerdos secularis... devotione intravit ordinem, ibi laudabiliter finivit

28. IV kal. Obiit reverendus Pater frater Philippus de Merendes, predicator et confessor, filius hujus conventus, 1522.

29. III kal. Obiit venerabilis Pater frater Joannes de Prato, guardianus hujus venerabilis conventus, 1444.

30. II kal. Obiit venerabilis Pater frater Vicin, hujus venerabilis conventus, qui fuit lector in pluribus conventibus, 1498.

JULIUS

1. kal. Obiit Joanna de Rothomago, condam uxor domini Guillelmi de Bella Valle, [sepulta juxta...] Item frater Stephanus Charon, predicator et confessor optimus, sacrista, 1352.

2. VI non. Obiit frater Joannes Bedouyne, predicator et confessor, hujus conventus filius, 1472.

3. V non. Obiit frater Joannes Salinarii, prædicator et confessor, 1470.

4. IV non. Obiit dominus Marinus Boylesves [1],

1. Deuxième fils de François, seigneur de la Brisarderie et de Philippe Priouleau. Henri IV le nomma lieutenant-général d'Anjou en 1590 et, sept ans plus tard, en récompense de ses loyaux services, il le créa chevalier avec réversibilité sur sa descendance des honneurs et prérogatives de ce titre. Marin Boylesve

dominus de la Morouzière, eques torquatus et generalis locum tenens hujus urbis, sepultus juxta corpus patris sui in sacello quod est a parte evangelii retro majus altare, 1603.

5. III non. Obiit bone memorie venerabilis Pater frater Petrus Barberii, filius nativus hujus conventus, qui bona fecit ecclesie multa, 1447.

6. II non. Obiit Pater frater Gaufridus Evigilati, quondam guardianus istius loci, pro cujus edificatione multum laboravit, 1347. Item Guillelmus Bretelei, dominus de Leone auri, sepultus in claustro, anno 1421.

avait épousé en 1578 demoiselle Renée Nicolas, fille de noble homme René Nicolas, seigneur de la Thomasserie. C'est lui qui, en 1583, fonda en l'église des Cordeliers d'Angers la chapelle des Boylesve, dite aussi de Montserrat, où il fut inhumé ainsi qu'un grand nombre de ses parents.

Les stipulations du contrat qui fut dressé à cette occasion, mentionnent entre autres la fondation de deux messes hebdomadaires à perpétuité à la fin desquelles devait être dit le *De profundis* et le *Libera* avec oraisons convenables. L'une de ces messes se célébrait le samedi en l'honneur de Notre-Dame du Montserrat, l'autre le dimanche en l'honneur de la Sainte-Trinité. Aux jours anniversaires de l'obit de Marin Boylesve et de sa femme les Cordeliers s'obligeaient à célébrer un service solennel avec vigiles et messe. De plus, le nom des susdits serait inscrit dans le « livre et papiers des obits ». Pour l'entretien de cette fondation, le couvent recevait en aumône « la somme de 25 livres de rente annuelle et perpétuelle, évaluée à 8 escus un tiers, payables par moitié aux termes de Noël et de la Saint-Jean-Baptiste. Cette rente était assise sur la maison des deux époux près des vieilles Halles. (P. de Farcy : *La famille Boylesve*, Rev. de l'Anjou, t. XXXVIII, 1899, p. 465-473; t. XXXIX, p. 291-304).

Le sieur de la Morouzière mourut de la peste dans la nuit du 4 juillet 1669, et sa dépouille fut « au mesme temps portée en l'église des Cordeliers par des portefaix, qui n'avoient qu'une lanterne, sans assistance d'aulcunes personnes. Bel exemple aux grands du palais. Dieu lui fasse pardon. » (*Journal de Louvet*, Rev. de l'Anjou, 1854, t. II, p. 319).— Marin Boylesve était « représenté en tableau, au côté droit de la chapelle, vers le maître-autel, en robe d'écarlate rouge, parée de velours noir, avec la cornette ». Aux quatre coins du tableau se trouvaient ses armes : *d'azur, à trois sautoirs d'or posés 2 et 1 ; au chef d'or chargé de trois fleurs de lis d'azur*. Le dessin de ce tableau a disparu du Recueil de Bruneau et de Tartifume.

8. VIII id. (Obiit) Franciscus de Bon Jehan, secretarius matris regis Francie, sepultus in choro ante magnum altare, 1318.

9. VII id. Obiit venerabilis Pater frater Petrus Charnacé, confessor, 1648.

10. VI id. Intus reconditur cor serenissimi Renati [1], regis Jerusalem, Sicilie, ducis Andegavie et Barri, comitis Provincie, qui obiit Aquis in Provincia Xᵃ Julii, hora quinta, 1482. Etiam reconditum est cor Joanne de Laval, ejus uxoris. Obiit R. P. Ludovicus Charnacé, predicator et confessor, necnon conventus San-Maxentii (in quo defunctus est) olim guardianus, ætatis suæ 61, anno Domini 1686.

11. V id. Obiit frater Petrus Folliotus, vir...... 1486.

1. Le cœur du roi René avait été renfermé dans une boîte recouverte d'argent fin. Jean Locblin, l'ouvrier chargé de ce travail, y employa un marc, cinq onces, dix-huit deniers de métal et reçut en paiement vingt-sept florins, six gros [Arch. des B.-du-R., B. 2510]. Cette funèbre dépouille fut déposée aux Cordeliers le jeudi 10 octobre 1481. Le mausolée qui la renfermait se voyait à l'entrée de la chapelle de Saint-Bernardin, au côté gauche. C'était un monument en pierre dure, environné d'une grille de fer, et mesurant sept pieds de long, trois de haut, deux et demi de large. On y lisait cette inscription :

Cy gist le cueur du très hault et très puissant Roy René, Roy de Jérusalem et de Scicille,
duc d'Anjou et de Bar, comte de Provence,
lequel trespassa en la cité d'Aix audict
pays de Provence
l'an mil IIIIᶜ IIIIˣˣ. le Xᵉ jour de juillet
et duquel le corps fut très honorablement
mins en sépulture en l'église de Saint Maurice d'Angiers en l'an ensuyvant.
Et aussy y gist le cueur de très haulte
et très puissante Royne Jehanne, seconde
espouse dudict Roy, fille du comte de Laval.

(Bibl. d'Angers, ms 99ᵗᵢ, p. 401-402). — Le roi René avait fondé dans l'église des Cordeliers « un annuel perpétuel de basses messes avec un service solennel » en paiement desquels les dits religieux recevaient trente setiers de blé froment et dix livres en argent à prendre sur la terre de Beaufort, payables le jour des Morts de chaque année. Jeanne de Laval confirma cette dotation par lettres-patentes du 10 octobre 1485. (*Arch. de M.-et-L., H. Cordeliers, liasse 3*).

Obiit anno Domini 1705, ætatis vero suæ 56°, reverendus Pater frater Gilles de Volene, in sacra facultate Andegavensi doctor bene meritus, pacificus hujus nostræ provinciæ iterum provincialis ac per 13 annos patronus, totius Ordinis olim definitor generalis ac integerrimus magni conventus Parisiensis et provinciarum Franciæ, majoris minorisque Aquitaniæ comissarius visitator : tandem in ædificatione altarium chori nec non et infirmariæ benelicus, hujus domus alumnus et totius conventus Sancti... reparator magnificus. Memoria illius sit semper apud domum in perfecta benedictione.

14. II id. Obiit (in conventu S. Maxentii) Pater frater Mauricius Moyne, prædicator et confessor, 1604.

15. Idib. Obiit reverendus Pater ac frater Mathurimus Ferragu, prædicator et confessor, condam conventus Sancti Maxentii guardianus, 1662.

17. XVI kal. Obiit frater Joannes Tupin, sacerdos, 14... Obiit bone memorie Pater frater Joannes de Rocha, predicator et confessor.

20. XIII kal. Obiit domina Joanna, domicella de la Branchardière, anno Domini 1612.

21. XII kal. Obiit Domina domina Renatica Juffé, d[omicella] de la Boysardière, 1612.

22. XI kal. Obiit Parisiis bone indolis frater Joannes Tardif, 1596.

23. X kal. Obiit reverendus in Christo Pater et dominus dominus Joannes Bicho [1], episcopus Diospolensis, nativus hujus conventus, sepultus in capitulo, 1470.

24. IX kal. Obiit venerabilis Pater frater Johannes de Calvigintico, quondam lector hujus conventus et custos

---

1 Ce religieux avait ses entrées à la cour du roi René et dans le *Compte des fournitures faites par la Chambre Noire* au courant de l'année 1453, on rencontre ces deux articles le concernant :

custodie Bituricensis, qui multa bona fecit huic conventui, 1420.

25. VIII kal. Obiit venerabilis Pater frater Matheus Guinardi, quondam lector hujus venerabilis conventus, custos custodie Bituricensis, 14... Item obiit R. P. Petrus Rogeron, prædicator et confessor, ætatis suæ 65°, anno Domini 1663.

26. VII kal. Obiit frater Petrus Courtilliers, sacerdos guardianus Filgeriarum, 1551. Obiit Venetis reverendus Pater Guido Gurye, bacchalaureus Parisiensis, hujusce domus filius, olim in multis conventibus provincie guardianus, anno Domini 1684.

28. V kal. Obiit nobilis dominus dominus Nicolaus du Tronchay, dominus de Baladé, insignis domus et ordinis amicus et benelicus, 1635.

Nobilis baro Richardus de Sance, qui lesus in obsidione ville Nannetensis, intus in isto venerabili conventu Andegavis obiit, sepultus in capella beati Francisci, 1487.

29. IV kal. Obiit venerabilis Pater Carolus Pichon, hujus conventus alumnus, dum esset præses et parochus hospitii Terræ Sanctæ in civitate Ptolemaida, anno Domini 1670.

30. III kal. Obiit nobilis domina Ysabellis de Credonio [1], domina de Cliceyo, 1350. Obiit frater Petrus Vaucelli, prædicator confessor, 1474.

10 mars. « fourniture de cire et d'une pipe de vin blanc pour la fête de l'hydrie dans l'église de Saint-Maurice : don de 55 sous à Jean, évêque de Diospolis, pour avoir officié à cette solennité. »
« A révérend père en Dieu, frère Jean, évesque de Diospolle, 13 livres 15 sous pour avoir fait le service de Pâques fleuries, de la semaine sainte et des grandes Pâques ». (*Comptes rendus par Jean de Charnières, secrét. et argentier du roi René. Arch. des B.-du-Rh., B. 2579*).

1. Fille de Maurice V de Craon et de Mahaud de Malines : elle fut mariée à Olivier II de Clisson, aïeul du connétable.

AUGUSTUS

1. Kal. Obiit frater Mathurin Le Brun. Obiit dominus de Ceurderoy.

2. IV non. Obiit venerabilis Pater frater Joannes de Haya, custos eusdodie Bituricensis, 1370. Item obiit frater Ludovicus Dohyn prope Meduanam in partibus Cenomaniæ,.. hujus conventus, 1531. Obiit nobilis dominus Ludovicus du Plessis de Chastillon, sepultus prope pulpitum evangelii, sub tumulo æneo, anno Domini 1560.

3. III non. Obiit honorandus Pater frater Nicolaus Porcheru, gardianus hujus conventus, sepultus in choro, 1551. Item frater Jacobus Sicault, novitius, anno Domini 1638. Obiit in conventu Lochensi sapientissimus Pater ac frater Joannes des Roches, doctor in theologia Facultatis Parisiensis et nostræ provinciæ pater, qui hanc domum per tres annos summa cum laude gubernavit, 1661. Obiit nobilis et prepotens dominus dominus Jacobus Galiot [1], natione ytalicus, strenuissimus in bello, qui

___

1 Jean et non Jacques Galiot de Genouillac, gentilhomme originaire du Quercy, seigneur d'Assier et capitaine du château d'Angers. Il était le troisième fils de Pierre Ricard, coseigneur de Gourdon, seigneur de Genouillac, et d'Anne de la Tour. Il se distingua le 28 juillet 1488 à la journée de Saint-Aubin-du-Cormier sous les ordres de la Trémoille. C'est lui-même qui avait conçu le plan de cette bataille. Il y fut tué dans une charge de cavalerie qu'il exécutait contre l'infanterie bretonne. « Et fut enterré ledit
« Galliot, raconte Guillaume Oudin, aux frères mineurs d'An-
« gers, car il fut amené par le commandement du roy jusques au
« port Linier, et à ce lieu là les collèges et mendiants de la ville
« d'Angers allèrent quérir le corps, et le conduisirent jusques
« aux dits Frères Mineurs, bien et honorablement, et y estoient
« à ce présent Monsieur le chancellier de Fra...e Monsieur le
« lieutenant du roy et plusieurs autres grands seigneurs qui pour
« lors suivoient la cour du roy, notre dit sire, estant en cette
« ville d'Angers, furent à le conduire, dont les gens dudit Galiot
« portoient le deuil et le lieu où fut enterré ledit Galliot fut en li

in Sancto Albino du Cormier in bello obiit pro querela regis Francie, sepultus (in habitu fratrum) in capella Sancti Bernardini, qui multa bona nobis contulit : ea propter eo multum obligamur. Anno Domini 1488.

4. II non. Obiit reverendus magister noster frater Joannes de Laillée, doctor theologus, hujus conventus quondam gardianus, 1581. Obiit Pater frater Petrus Grandie, 1567. Obiit venerabilis Pater frater Hugo Pazegii, 1522. Item frater Franciscus Destriché, professus clericus, 1636. Obiit nobilis dominus et potentissimus vir Ludovicus, dominus des Prez et de Broucai, sepultus coram altare beati Laurentii, anno 1412.

5. Non. Obiit bone memorie venerabilis Pater frater Gaufridus Buignon, gardianus hujus conventus et custos custodie Bituricensis, 1443. Obiit nobilis et prepotens domina domicella Katherina, domina de Haya [1],

« chapelle Saint-Bernardin... » De son mariage avec Catherine de Bosc, dame d'Assier, Jean Galiot laissait cinq enfants : un fils et quatre filles. (*Journal de M° Guillaume Oudin*, Rev. de l'Anjou et du Maine, 1857, t. II, p. 70-71. — F. Galabert : *Galiot de Genouillac, seigneur d'Assier...* Rev. du Monde cathol., VII° série, t. V, 1900, p. 658-662.

1. Catherine de la Haie-Joulain, femme de Thibaud de Beaumont, seigneur du Plessis-Macé. Par son testament en date du 2 juillet 1434, la dame de la Haie ordonnait que son corps fût livré à la sépulture en l'église des Frères-Mineurs d'Angers « prez le lieu où avoient été ensépulturez monseigneur son père et madame sa mère » et pour ce elle donnait 40 réaulx d'or au coin du roi.

Dans ce même testament est mentionnée la fondation d'une messe basse quotidienne « à laquelle seroit faite prière nominale ». Comme dotation, les Cordeliers devaient toucher une rente de quinze setiers de froment, mesure de Brissac, payable chaque année au jour de l'Angevine sur l'hypothèque de la terre de la Bournée. En plus, ladite dame donnait aux susdits Cordeliers « quinze septiers de seigle de rente, mesure de son grenier de la Fougereuse,.. et quatre livres pour ayder au luminayre de ladite messe, audit terme de l'angevine, sur l'hypothèque de sa terre de la Fougereuse, avec quatre pipes de vin rendables à ce couvent chaque année le jour de la Toussaint sur l'hypothèque des dixmes de vin de Chasse... » (*Arch. de M.-et-L., H Cordeliers, liasse 6*).

Le tombeau de Catherine de la Haie faisait pendant à celui d'Isabelle d'Avaugour dans l'église des Cordeliers. Il était situé

hujus conventus mater et benefica, sepulta ante magnum altare a parte dextra, 1436. Obiit nobilis scutifer Antonius du Buisson, qui lesus in obsidione Nannetensi obiit in hac villa, sepultus in habitu nostro in capella Beati Francisci, anno Domini 1487.

6. VIII id. Obiit reverendus Pater frater Guillelmus Jousi. Item frater Matheus Rosseau, laicus, 1672.

7. VII id. Obiit venerabilis Pater Joannes Laguette, Montisjani sacerdos et confessor, 1684.

8. VI id. Obiit dominus Mauricius de Credonio [1], dominus de Sancta Maura, 13... Obiit Parisiis Jacobus Dironner, 1563. Item dominus Bridellus de Castrobrientii [2], anno 1300.

9. V id. Obiit venerabilis Pater La Belle, hujus conventus alumnus ; fuit olim guardianus et conventus Barbesiliensis vicarius, 1702.

10. IV id. Obiit Rupellæ frater Renatus Quenion, clericus hujus conventus, 1704.

12. II id. Obiit venerabilis clericus Joannes Ruphi, a quo multa habuimus, 1382.

13. Idib. Obiit venerabilis Pater frater Joannes Gou-

à gauche du maître autel, à côté de la chapelle de Boylesve. Sous un enfeu à ouverture gothique, ornée de trèfles et accostée de clochetons à arcatures prismatiques, on voyait la dame de la Haie représentée en relief, couchée les mains jointes sur la poitrine, revêtue d'une longue tunique unie, la tête ceinte d'un étroit bandeau (Bruneau de Tartifume, ms 993, p. 422). A la sortie de la chapelle de Saint-Bernardin, il y avait une autre « représentation » de Catherine de La Haie avec son mari, « lui à dextre d'un crucifiement, ayant en arrière un Saint-Jean-Baptiste et elle à gauche avec une Sainte-Catherine, le tout en relief ».

1. Maurice VII de Craon, fils d'Amaury III et d'Isabelle de Sainte-Maure. Il avait épousé Marguerite de Mello dont il eut deux enfants : Amaury IV et Isabelle.

2. Geoffroy de Châteaubriant, dit Brideau, seigneur du Liond'Angers, de Chalain, des Roches-Baritant, de Charannes et de la Boriardière. Il était fils de Jean de Châteaubriant et d'Aude de Brillouet.

pil, sacerdos et confessor, 1541. Item obiit venerandus Pater frater Daniel Le Frehaut, sacerdos et confessor, 1673. Obiit frater Henricus de la Chapelle, laicus, 1601.

14. XIX kal. Obiit frater Guillelmus de Sancto Paulo, presbyter et confessor. Obiit venerabilis Pater frater Laurentius Babion, prædicator et confessor, 1482 Obiit Pater frater Guillelmus Fouchart, hujus conventus filius, 1585. Obiit nobilis scutifer Johannes Poton, dominus du Puy, sepultus ante capellam beati Francisci in habitu fratrum. anno Domini 1485.

15. XVIII kal. Obiit venerabilis Pater magister frater Jacobus de Landa, 1609. Item obiit Joannes Gilbertière, laicus professus, 1638.

16. XVII kal. Hac die obiit nobilis domicella Anna Loüet, quæ in morte nobis reliquit pulchra tapeta in quibus depingitur raptus Helene, 1581. Obiit reverendus magister noster frater Joannes Matmain.

Obiit domicella Anna de Macon, domina de Tanche, singularis benefica fratrum hujus ordinis, sepulta in capella Beati Antonii, 1519. Obiit nobilis domicella Ludovica Fouquet, sepulta in capella de Credonio prope altare Nostre Domine Pietatis, anno Domini 1549.

19. XIV kal. Obiit Joanna, uxor Joannis de Bella Valie[1]. Obiit bone indolis frater Iacobus Lefebvre, Parisiis 1665.

20. XIII kal. Obiit Pater frater Jacobus Foucquet, prædicator, filius hujus conventus, 1523.

21. XII kal. Obiit nobilis domina Maria de Credonio[2],

---

1. Cette dame était fille de Jean de Tigny, tué à la bataille de Poitiers, et d'Agnès du Plessis. (Ménage : *Hist de Sablé*, p. 287).

2. Elle était fille de Maurice V de Craon et de Mahaut de Malines. Elle avait épousé en août 1299, Robert de Beaumont-Brienne, seigneur de Pouancé. Dans son testament daté « du vendredi devant Pasques fleuries, l'an de grâce mil trois cens et deix et sept », elle prend les dispositions suivantes en faveur des Cordeliers : « Item nous donnons et lessons aus frères meneurs « d'Angiers chies qui nous ellisons nostre sepulture, cinquante

domina de Poenceio, 1321. Obiit venerabilis Pater frater Joannes Hammardi, quondam lector in pluribus conventibus. 1427.

22. XI kal. Obiit frater Hyeronimus du Fresche, prædicator et confessor, 1552.

23. X kal. Obiit frater Renatus...

25. VIII kal. Obiit nobilis domicella Joanna de Credonio [1], soror domini Almauritii, sepulta in habitu sancte Clare, 1324.

26. VII kal. Obiit frater Petrus Pergamenarii, gardianus hujus conventus, qui multum laboravit pro loco isto.

27. VI kal. Obiit venerandus Pater ac frater Johannes-Jacobus Ersan, prædicator et confessor, 1638. Obiit venerabilis Pater Franciscus du Vau, confessor in conventu.

28. V kal. Obiit bone memorie reverendus Pater frater Petrus Aulonier, filius hujus venerabilis conventus, qui multum decoravit ordinem nostrum, 1498. Item obiit frater Guillelmus Paquerius. Obiit devotus Pater frater Guillelmus de Bello Pratello, prædicator et confessor.

« livres pour prier pour nous et leur prions et requierons qu'il
« leur plese dire cinq cents messes pour l'ame de nous le plus
« toust que ils pourront empres nostre obit ».
Elle donnait également aux dits frères « quatre dras de bureaux pour faire convertoirs aus lis de leur dortouers » et en plus « trente sols chascun an jusques à dix ans » après sa mort « pour fere chascun an nostre anniversaire le jour de notre obit ». Vingt-cinq livres de monnaie courante devaient être versées enfin aux chapitres provinciaux des provinces de France et de Touraine aux deux convocations qui suivraient décès ; en retour « chascun frère prestre des dites provinces » était prié de lui accorder une messe et les frères clercs et lais « tels suffrages comme ils ont accoustumé à donner par chascune messe. » (Ménage : *Hist. de Sablé*, p. 379-380). La date du mariage de Marie de Craon avec Robert de Beaumont a été rectifiée par M. Bertrand de Broussillon à l'aide d'une copie du contrat d'épousailles conservée à la Bibliothèque Nationale.

1. Fille de Maurice V et de Mahaut de Malines. Elle ne fut point mariée et « trespassa en l'habit des frères ».

29. IV kal. Obiit in parochia vulgo dicta Loché, sita in territorio Lochensi, venerabilis Pater Renatus Gandon, hujus conventus alumnus, quondam conventus Burgino-vensis guardianus, anno Domini 1695.

30. III kal. Ex hoc sæculo migravit anima venera-bilis Patris ac fratris Mathurini Le Heurt, in sacra theo-logia baccalaurei formati, qui obiit in conventu Laudu-nensi, 1592. Item venerabilis Pater ac frater Franciscus Chevalier, prædicator et confessor, anno 1658. Item venerabilis Pater Franciscus Fromont, qui sacristæ offi-cio functus est in hoc conventu viginti annorum spatio maxima cum laude religiosorum et secularium, 1593.

31. II kal. Obiit domina de Mota Sabiri (?), sepulta in habitu sancte Clare coram altare beate Marie, fecit fieri infirmarias, 1287. Obiit venerabilis Pater Gaufridus Da-mirault, 1513.

SEPTEMBER

2. IV non. Obiit nobilis scutifer Gauffridus d'Azay, amicus istius loci et benefactor, anno Domini 1397.

3. III non. Obiit Christiana, [domina] de Jarzé, benefactrix Ordinis et in parte fondatrix istius loci.

8. VI id. Obiit nobilis domina Agnes de Insula, domina de Soucele, sepulta in habitu, anno 1362.

17. XV kal. Obiit nobilis dominus Almauricus de Luzarne, diocesis Bajocensis, licentiatus in utroque jure, sepultus ante altare Beate Marie de Rosa, anno 14... [Obiit dominus Geor-gius de Vauldrey, eques, dux de Bello Pratello, dominus de Saint-Phale, anno 1590].

20. XII kal. Obiit nobilis domicella Johanna Auvrée[1],

<hr>

1. Le 28 avril 1809, noble demoiselle Jeanne Auvrée, dame des Moulins, et femme de Nicolas de Chevreuse, duement autorisée

condam do:nina des Molins et de Sainte-Jame, multum isti conventui benefica, pro cujus salute tenemur dicere perpetuo unam missam in capella Beate Anne, si fiat satisfactio debita.

24. VIII kal. Obiit dominus Mauricius Chamaillardi, condam decanus Sancti Martini Turonensis, sepultus ante altare beati Laurentii, qui dedit nobis illam magnam plateam ubi est introitus conventus, inter Joannem de Vallibus et Yvonem de Ponte, anno 1379].

25. VII kal. Obiit nobilis armiger Guido Traci, sepultus ante altare beati Francisci, anno 1362.

26. VI kal. Obiit nobilis domina Mathildis de Malines[1], sepulta in habitu sancte Clare, [1306].

27. V kal. Obiit nobilis dominus dominus Guillelmus de Loheach[2], [filius Beatricis de Credonio], anno 1356.

28. IV kal. Obiit nobilis vir Philippus Destanus, specialis amicus et beneficus fratrum, sepultus in habitu coram altari beate Anne, anno Domini 1425.

29. III kal. Parisiis animam exhalavit dominus Guillelmus

par son mari, fonde en l'église des Cordeliers « pendant son vivant seulement une messe tous les jours de chaque année, pourquoy eile donne auxdits religieux le nombre de cent écus d'or. » Elle avait fondé en outre « vigille des morts à nottes et, le lendemain, une grande messe à diacre et sous-diacre pour chascun an a pareil jour qu'arrivera son décès. » Comme dotation de cette dernière fondation, la dame des Moulins assurait aux Cordeliers la somme de trente livres de rente sur l'hypothèque de ses terres de « Sainte-Jame et des Perains, de Soulaine et de Roussay ». (*Arch. de M.-et-L.*, *H. Cordeliers, liasse 14.*)

1. Femme de Maurice V de Craon. Elle était fille de Bertaut, seigneur de Malines en Flandre, et par sa mère elle tenait à la maison d'Auvergne. Après douze ans de veuvage, Mahaut épousa en secondes noces Jean de Beaumont-Brienne, veuf lui-même de Jeanne de Château-Gontier. Elle portait alors le titre de « dame de Chantocé ». Leur contrat de mariage est daté de Saumur, 22 juin 1305. (*Bullet. de la Comm. hist. et archéol. de la Mayenne.* t. IV, 1892, p. 271-77.)

2. Béatrix de Craon était fille d'Amaury III et de Béatrix de Roucy; elle avait épousé Eon de Lohéac, seigneur de la Roche-Bernard, fils aîné de Jean l'Archevêque, seigneur de Parthenay. Ils eurent plusieurs enfants : Guillaume, sus-mentionné, Isabeau qui fut mariée à Raoul de Montfort; Marguerite, femme de Jean de Malestroit, et Catherine, dame de Pouzauges. (Dom Morice : *Preuves*, t. II, p. 122).

Lesratius[1], dominus de Lencro, in senatu Britannie praeses
ac consiliarius in consilio b... Obiit anno Domini 1586.

30. II kal. Obiit nobilis et potens dominus dominus Thomas
de Chemilleyo, condam miles, anno Domini 1371.

OCTOBER

3. V non. Obiit nobilis domicella Johanna de Langollay,
sepulta in habitu sancte Clare, anno Domini 1401.

5. III non. Obiit nobilis dominus dominus Reginaldus de
Ansenys, miles, anno M°CCC°I....

8. VIII id. Obiit nobilis dominus dominus Petrus de Andegavia[2], condam amicus et beneficus hujus conventus, ante
ymaginem Crucifixi in navi ecclesie sepultus, anno Domini
1428.

9. VII id. Obiit nobilis domina domina de Bella Valle,
ordinata in habitu sancte Clare, sepulta in capella beati
Francisci, anno Domini 1394. Obiit nobilis vir Robertus de
Bosco, pater fratris Antonii de Bosco, filii nativi hujus conventus, valde beneficus fratrum et Ordinis.

1. Fils aîné de Guillaume Lesrat et de Michelle Boudet. C'est
son père qui, en septembre 1535, avait acheté de François de
Lancrau pour la somme de 4.000 livres tournois, la terre patrimoniale de ce nom avec la métairie de la Motte. (P. Bordais : *La
famille de Lancrau*, Rev. de l'Anjou, t. XVII, 1876, p 210). Guillaume Lesrat était président au présidial d'Angers. Il fut investi
de cette charge le 26 octobre 1570 « au grand contentement de
tous les habitants de la ville, raconte Louvet, comme aiant toutes
les perfections qui peuvent estre en ung homme de bien pour
rendre la justice ». (*Journal*... Rev. de l'Anjou, 1854, t. Ier, p. 301-
302).

2. Les d'Anjou avaient des attaches en terre mancelle et en
terre angevine. Pierre II d'Anjou était fils de Robert d'Anjou et de
Jeanne de Mascon. Il paya généreusement de sa personne dans la
lutte contre les Anglais à la suite de la journée d'Az ncou t et sa
mort semble avoir été prématurée. Gillette de Beaufor sa femme,
ne lui ayant point donné d enfants, ses biens passèrent à ses deux
sœurs Laurette et Jeanne d'Anjou. (Marquis de Beauchesne : *Le
château de la Roche-Talbot et ses seigneurs*, p. 49-52).

13. III id. Obiit bone memorie nobilis domicella Anna Bourré[1], domina de Marans, sepulta coram altari in sacello Sancti Francisci. Bona contulit. Obiit 1538.

14. II id. Obiit dominus Gaufridus de Sancto Leodegario, miles, sepultus in habitu anno 1250.

15. Idid. Obiit domina de Plessiaco Borelli, devota Ordini, sepulta in habitu sancte Clare.

16. XVII kal. Obiit in conventu Bituricensi reverendus dominus Pater Franciscus de Cerizay, prædicator et confessor, hujus domus filius, olim in diversis conventibus guardianus, anno Domini 1692. Obiit nobilis vir Guillelmus de Stanis, amicus et beneficus istius loci, sepu tus cum uxore sua coram altari beati Antonii, anno 1372.

17. XVI kal. Obiit venerabilis Pater frater Joannes Trambleii... hujus venerabilis conventus, guardianus hujus loci, 1460.

18. XV kal. Obiit frater Philippus Coterelli, guardianus hujus loci. Item obiit reverendus Pater Carolus Bianon, multoties guardianus et delinitor actualis, tempore sui obitus dellinitor.

1. Le 30 décembre 1530 « noble et puissante demoiselle Anne
« Bourré, dame de Marans, de Corzé, du Couldray et des Ayllié-
« res, veufve de feu noble et puissant François de la Jaille, vivant
« seigneur de Durestal, » fonde en l'église des Cordeliers une
messe « à basse voix » tous les samedis de l'année avec un *De
profundis* à la fin, laquelle doit être dite par l'un des frères du
couvent à l'autel de Saint-François. En plus, le jour de Sainte-
Anne une « grande messe solennelle des défunts, avec *Libera* à
la fin devait être chantée à ses intentions. Elle stipulait en outre
« que toutes les messes restant à dire depuis la grande messe ce
jour-là devaient se dire pour elle », La veille, les frères étaient
tenus de chanter les vigiles des morts.
Pour asseoir cette fondation, la dame de Marans assurait par
contrat aux Cordeliers la somme de seize livres, non amortissable,
hypothéquée sur les terres du Couldray et des Aillières, près de
Château-Contier, ladite rente payable au 8 décembre de chaque
année. (*Invent. des tiltres et papiers... trouvez dans les Archives du
couvent des Pères Cordeliers d'Angers*, f° 139°. Vol. in-f° aux
Arch. de M.-et-L. — Bibl. Nat. ms. (r. 22.450, p. 247). — Anne
étant décédée sans laisser de descendance directe, ce furent ses
neveux, François Bourré, seigneur de Jarzé et du Plessis, et Jean
Bourré, protonotaire apostolique, qui se partagèrent sa succession.

19. XIV kal. Obiit Pater frater Andreas Regnier, sacerdos, 1582. Obiit reverendus Pater frater Joannes Nutriti.

20. XIII kal. Obiit Niorti venerabilis Pater frater Renatus Ferré, predicator et confessor, 1646, hujus conventus alumnus.

21. XII kal. Obiit nobilis domina de Martiniaco et de Ansenys[1].

22. XI kal. Obiit frater Guillelmus Juliani, bacalarius hujus loci lector in pluribus conventibus.

23. X kal. Obiit frater Joannes Barraudi, predicator et confessor, 1413. Obiit nobilis domicella Renata Dirion, uxor domini Renati de Billé, equitis, domini de la Varenne et de la Bruslaire, anno Domini 1616.

24. IX kal. Obiit frater Guillelmus Godebyrie... hujus conventus, 1449.

25. VIII kal. Obiit reverendus Pater frater Thomas Frebaudy, quondam magister in sacra theologia, qui fuit minister Turonie, multum decoravit Ordinem et precipue conventum istum ; sepultus in capitulo, 1420.

26. VII kal. Obiit Castroduni venerabilis Pater et frater Joannes-Baptista-Bonaventura Roullet, hujusce domus alumnus, ætatis suæ anno vigesimo sexto, 16.6.

27. VI kal. Obiit reverendus Pater frater Jueillet, filius nativus conventus Cenomanensis, qui multum laboravit pro Ordine, 1508. Obiit memorie nunquam periture magister noster frater Jacobus Alanus, doctor et concionator facundissimus, provincialis, 1576. Obiit bonæ memoriæ honorandus magister noster Pater ac frater Constantius Blazonneau, in sacra theologia licentiatus et quondam hujus celeberrimi conventus moderator ac guardianus... 1614.

---

1. Isabelle de Craon, fille d'Ingelger II, seigneur de Rochecorbon, et de Jeanne de Craon-la-Ferté. Elle avait épousé Jean d'Ancenis, seigneur de Martigné-Ferchaud. (Bertrand de Broussillon : *Sigillographie des seigneurs de Craon.* Bullet. de la Comm. hist. et archéol. de la Mayenne, t. VII, 1893, p. 124-125).

28. V kal. Obiit frater Briencius Reverendi, quondam guardianus Aurelianensis, 1420, Obiit reverendus Pater Aegidius Davy, hujus conventus filius, in sacra facultate Andegavensi doctor theologus alias Cognacensis, suæ vero mortis tempore Engolismensis guardianus, ætatis suæ 35°, anno Domini 1693.

29. IV kal. Obiit reverendus Pater frater Petrus Chevalier, 1681. Obiit Pater Franciscus Faucheux, professus, 1602. Obiit frater Julianus Pinot, laicus, 1703.

30. III kal. Obiit reverendus Pater ac frater Joannes de la Planche, prædicator et confessor, olim conventus Cognacensis guardianus, 1686.

31. II kal. Obiit venerabilis Pater frater Robertus Tibuzaie, quondam confessor illustrissime domine de Credonio, gardianus istius conventus, 1402.

NOVEMBER

1. Kal. Obiit Renatus .. Champs.

3. III non. Obiit illustris ac prepotens dominus Carolus de Vauldraye[1], eques torquatus, dominus de Saint-Phalle et de la Bourgonnière, sepultus ante majus altare a parte evangelii juxta patrem suum, 1599 Obiit reverendus Pater frater Carolus Colas, confessor. et fuit pluries magister novitiorum, 1680.

5. Non. Obiit venerabilis Pater frater Franciscus Audiot, prædicator et hujus conventus alumnus, 1646.

1. On trouvera la minute de son testament avec l'enquête sur l'authenticité d'icelui aux archives de Maine-et-Loire, E. 4.111. — Après la mort de Philippe de Montespédon, Georges de Vauldrey, père de Charles. s'était emparé à main armée du duché de Beaupréaux : une sentence du sénéchal d'Anjou l'y maintint (25 juin 1587). — (C. Port : *Dict. hist... de Maine-et-Loire*, t. I, p. 260).

6. VIII id. Obiit frater Guillelmus Foucher, prædicator et confessor, 1352. Item venerabilis Pater frater Becheli, 1438.

7 VII id. Obiit domina Beatrix de Roucay[1], uxor Almaurici de Credonio, sepulta in habitu sancte Clare, 1528

8. VI id. Obiit Joanna, quondam uxor Jameti de Bellavalle, specialis amica Ordinis.

9. V id. Obiit venerande senectutis Pater frater Symon Guyard, anno Domini 1583.

10. IV id. Obiit venerabilis Pater frater Petrus Franciscus, quondam gardianus istius conventus. Obiit illustrissima domina Maria[2], regina Cecilie, 1404. Obiit Xantonibus venerabilis Pater ac frater Ludovicus Du Val, confessor, anno Domini 1601.

11. III id. Obiit Stephanus Foucher, prædicator et confessor. Item frater Joannes Loriti, religiosus bone vite et honestatis, 1412. Item obiit clarissimus et illustrissimus dominus de la Gillière Boylesve[3], senatus Andegavensis præfectus integerrimus, necnon hujusce conventus amicus et spiritualis pater, anno Domini 1708.

12. II id. Obiit venerabilis Pater frater Joannes Pommerii, prædicator et confessor, 1479.

1. Deuxième femme d'Amaury III de Craon. Elle était fille de Jean IV de Roucy et de Jeanne de Dreux.

2. Marie de Châtillon, fille de Charles de Blois et de Jeanne de Bretagne. Elle avait épousé le 9 juillet 1350 Louis de France, duc d'Anjou, second fils du roi Jean. Au dire de B. Roger, elle fut enterrée en l'église de Saint-Maurice, près le grand autel, sous le cierge pascal, en un petit caveau où l'on a encore mis depuis le corps de la reine Jeanne de Laval. (Hist. d'Anjou, Rev. d'Anjou, 1853, t. I, p. 320).

3. Louis Boylesve, chevalier, seigneur de la Gillière, conseiller du Roi au présidial d'Angers, puis lieutenant général d'Anjou et premier président au présidial. Il avait épousé le 15 février 1654, demoiselle Perrine Le chat. (P. de Parcy : Les Boylesve. Rev. de l'Anjou, t. XLI, 1900, p 131).

14. XVIII kal. Obiit venerabilis Pater frater Joannes Huet, in sacra theologia magister, in... quondam confessor illustrissime domine Merie, regine Sæcilie, 1396.

16. XVI kal. Obiit frater Joannes Roufray, hujus conventus.

17. XV kal. Obiit bone memorie venerabilis Pater frater Joannes Tardif, qui quondam pium multumque conventui fecit obsequium, tandem bona in senectute diem clausit extremum, 1571. Obiit frater Claudius Le Lièvre, professus hujusce conventus, 1641. Obiit Margareta la Prévouste, condam uxor Guillelmi de Stannis, sepulta coram altari Beate Marie.

18. XIV kal. Obiit frater Jacobus Frovedy, novitius, anno Domini 1608.

19. XIII kal. Obiit nobilis dominus dominus Petrus de Credonio[1], dominus de Suza et de Champtoceyo, sepultus in capella, 1376. Obiit frater Martinus Pistoris, laicus, 1558.

21. XI kal. Obiit venerabilis et nobilis memorie in conventu Corisopitensi noster reverendus et amabilis Pater ac frater Joannes Rabory, qui per magnum temporis spatium guardianatum hujus domus religiose tenuit et gubernavit. Obiit anno Domini 1617.

23. IX kal. Obiit Pater frater Petrus Rotharii, prædicator et confessor, 1560. Obiit Montisjani venerabilis Pater Dionysius Fleury, hujus conventus professus. Obiit nobilis vir Franciscus Boylesve[2] (du Vireret), dominus de la Brizar-

1. Troisième fils d'Amaury III de Craon et de Béatrix de Rouey, sa seconde femme. C'est de lui que descendent les Craon-la-Suze. Il avait épousé en premières noces Marguerite de Pons, puis en secondes noces Catherine de Machecoul.

2. Second fils de Marin Boylesve, écuyer, seigneur de la Bourelière, de la Brizarderie et des Roches, et de Simonne Quentin. Il avait épousé vers 1515 demoiselle Philippa Priouleau, fille de noble homme Jean Priouleau, avocat au présidial d'Angers. C'est contre lui que le procureur Mathurin Cochelin, pour se

dière, consiliarius regius et hujusce civitatis pretor, sepultus prope magnum altare in capella sue domus, 23 novembris 1587.

25. VII kal. Obiit nobilis ac potens dominus Johannes de Credonio[1], dominus de Suza et de Chantoceyo, beneficus et amicus hujus conventus, anno Domini 1432.

DECEMBER

8. VI id. Obiit perpetuæ memoriæ reverendus Pater frater Joannes Dubuisson, in sacra theologia professor,

venger d'une destitution méritée, publia son mémoire diffamatoire de la noblesse des Boylesve qui fit si grand bruit alors.

Le tombeau de François Boylesve se trouvait à l'entrée de la chapelle de Montserrat. Il se composait d'une pierre longue de sept pieds trois pouces, large de trois, sur laquelle était gravée au trait « la représentation d'un homme de judicature ». Autour courait cette inscription à demi effacée :

Cy gist.... Boylesve, S. de la
Brisardière, de La Gillière et de la Man-
rouzière, vivant conseiller du Roi, [lieutenant
de la prévôté, conservateur] des privilèges royaux
de l'Université d'Angers, lequel décéda
le 27 novembre 1587.

(P. de Farcy : *La famille Boylesve.* Rev. de l'Anjou. t. XXXVIII, 1899, p. 131-139. — Bibl. d'Angers : *ms* 991, p. 121-125).

1. Fils aîné de Pierre de la Suze et de Catherine de Machecoul. Il avait épousé en premières noces Béatrix de Montfort, mentionnée plus haut, et en secondes noces Anne de Sillé, veuve d'un seigneur de Montjean.

Dans son testament, dressé à Chantocé, le sire de la Suze déclare élire « sa sépulture en l'église des Frères Mineurs d'Angers en la chapelle de Craon, c'est assavoir jouxte monsieur sou père, que Dieu absole. » Il donne auxdits Frères Mineurs « cinquante livres monnaie, une fois payé, pour estre en leurs « prières et oraisons. » Il ordonne que dix mille messes soient célébrées pour le salut de son âme, pour feu son père, madame sa mère, son fils Amaury, sa fille Marie, sa feue compaigne Béatrix de Rochefort et feu son frère Pierre de Craon. A. Joubert : *Le testament de Jean de Craon, seigneur de la Suze et de Chantocé.* Rev. hist. et archéol. du Maine, t. XXVII, 1890, p. 310-316).

qui opere, sermone multum decoravit conventum istum, 1497. Obiit nobilis domina domina Ysabellis de Castrobrientii[1], domina de Boulleyo, anno Domini 1372.

9. V id. Obiit Renata Heaume, uxor defuncti Thomæ Lamoureux, pro qua tenemur... conficere sacrum, anno Domini... Obiit nobilis domicella... condam uxor domini de Sancto Leodegario, sepulta in habitu sancte Clare, anno... 49.

10. IV id. Obiit bone memorie Pater frater Leodegarius Oliverii, hujus conventus filius.

11 III id. Obiit Pater frater. Robertus Peluau, hujus conventus filius, qui temporibus suis multa bona contulit huic conventui, 1510.

12. II id. Hac luce visa reddiit ad superos anima illustris et devotissime filie nobilis domicelle Claudie de Clairambault, domine du Vignau[2], cujus corpus inhumatum est a latere dextro majoris altaris, 1575.

14. XIX kal. Obiit Adriana... anno Domini 1618. Obiit reverendus. Pater Ludovicus Le Vert, prædicator et confessor et multoties guardianus, 1693.

15. XVIII kal. Obiit nobilis domicella Anna Boyslesve, uxor questoris criminum hujus provinciæ, 1605.

1. Fille de Geoffroy de Châteaubriant, dit Bridel, et de Marguerite de Parthenay. Elle avait épousé Guyon, seigneur du Puy-du-Fou.

2. Elle avait épousé Jacques Clérembault, vicomte du Grand-Montrevault. Le 3 mai 1581, haute et puissante dame Claude d'Avaugour, dame de Neuville, « fonde en l'église des Cordeliers « pour le repos de l'âme de demoiselle Claude de Clairembault, « sa fille, une messe basse tous les vendredis de l'année, à la « fin de laquelle on doit dire la *Passion* selon saint Jean et un « *De profundis* ; plus au jour et fête de saint Luc une grande « messe des défunts avec un *Libera* sur sa fosse. » Pour dotation, sa fondatrice allouait aux religieux une rente de dix livres payable au terme de Saint-Luc par les seigneurs de Neuville sur l'hypothèque de la terre de ce nom, ses appartenances et dépendances. (*Invent. des titres et pap. des Pères Cordeliers*, fⁿ 112ⁿ. Arch. de Maine-et-Loire, G. 1.525].

16. XVII kal. Obiit domina Ysabellis de Sancta-Maura[1], domina de Credonio, anno 1310.

19. XIV kal. Obiit nobilis ac honorandus vir dominus Ludovicus de Cruce[2], in legibus licenciatus, procurator Andegavie, dominus de Rousseau, pater et amicus noster, sepultus ante altare sancti Michaelis, 1473.

20. XIII kal. Obiit nobilis domicella de Rupeforti, domina de Brechesach, anno 13...

21. XII kal. Obiit nobilis domina domina Guillemeta, condam uxor domini Theobaldi de Cherbée, benefica Ordinis et specialiter hujus conventus, anno Domini 1467.

24. IX kal. Obiit venerabilis Pater et frater Petrus Piron, 1408.

25. VIII kal. Obiit venerabilis Pater frater Joannes Buhache, prædicator, 1450. Obiit frater Guillelmus Delau-briaye, prædicator.

26. VII kal. Obiit illustrissimus ac prepotens dominus dominus Henricus de Britannia[3], dispositus Romanie, filius sancte memorie illustrissimi principis domini Karoli Blesen-sis, condam ducis Britannie ac fratris domine Marie, regine Sicilie, specialis amicus totius Ordinis ac beneficus, sepultus in habitu beati Francisci, anno Domini 1400. Item memorie nunquam periture honorabilis magister noster Pater ac frater Petrus Bourgongne[4], doctor theologiæ. 1608, Obiit

1. Femme d'Amaury III de Craon. Elle était fille de Guillaume VI de Sainte-Maure, dit Guillaume le Valet, et d'Alix de Thouars.

2. Voici une mention de lui et des siens conservée dans un extrait des Délibérations capitulaires de Saint-Maurice d'Angers :

« Die veneris 12 marcii 1477. Pro Maria de Domigné, domicella, relicta defuncti magistri Ludovici de Cruce, procuratoris Andega-vie, et magistro Ambrosio de Cruce, ejus filio, domino du Rous-seau... » Bibl. Nat., *ms. fr.* 22.450, p. 125.

3. Fils de Charles de Blois et de Jeanne de Bretagne. Il s'était attaché à la fortune de Louis II d'Anjou.

4. Louvet raconte en son *Journal* qu'aux débuts de l'année 1590, trois commissaires du Parlement arrivèrent à Angers pour procéder contre les ligueurs. Une de leurs premières mesures fut d'enjoindre aux Cordeliers de déposer leur gardien, le P. Bourgogne, qui tenait « pour le party des bons princes catholi-ques, » (*Journal.*. Rev. de l'Anjou, 1855, t. II, p. 171).

Joanna de Credonio, uxor domini de Bellavalle, 14...
Item nobilis domina Renata Le Bret, uxor domini de
Baladé, domus benefica, 1632.

27. VI kal. Obiit venerabilis Pater frater Michael Scutifer, quondam lector monasterii hujus, 1419. Obiit frater
Renatus Charderet, prædicator et confessor, 1584. Obiit
frater Joannes Gauche, laicus.

28. V kal. Obiit bonæ memoriæ frater Richardus
Anglici, prædicator egregius et quondam legatus in regno
Franciæ. Obiit venerabilis Pater Michael Debonnes, con-
fessor, 1668. Obiit bone memorie Joannes Povert, 1580.

29. IV kal. Obiit venerabilis Pater ac frater Joannes
Collet, prædicator et confessor, anno Domini 1653.

APPENDICE

FONDATION DE JEANNE, REINE DE SICILE

Jehanne, par la grâce de Dieu Royne de Jerusalem et de
Sicille, duchesse d'Anjou et de Bar, contesse de Prouvence,
de Forcalquier, de Pimont et de Beanfort, à touz ceulx qui ces
présentes lettres verront, salut. Comme feu mon très redoubté
seigneur et espoux René, que Dieu absolve, Roy et seigneur
des royaumes, duchez et contez dessusdits, ait ordonné par
son testament et dernière volonté, entre autres ses ordonnances,
son cueur estre inhumé et sépulturé en la chapelle de Saint-
Bernardin qu'il avoit fait ériger, édiffier, parer et fournir
contigue à l'église des frères mineurs en la ville d'Angers,
et que chacun jour de l'an par les dits frères mineurs à tousjours mes perpétuellement soit dicte une basse messe et chacun
an à tel jour quil trespassa, qui fut le xe jour de juillet, une
messe à note et le jour davant vigilles des trespassez pour le
remède et salut de son âme, de ses prédécesseurs, parens et
amis trespassez : et pour lesdits services faiz et continuez ait
laissé par chacun an et donné ausdits frères mineurs en
aumosne perpétuelle à tousjours mes le nombre et quantité de

30 sestiers de froment et pour le luminaire desdites messes aussi chacun an la somme de 10½. Lequel blé et argent il ait assigné estre prins sur les rentes et revenues de la Ménistré, comme plus au long est déclaré par l'article du testament de feu mondit seigneur, de laquelle article la teneur s'ensuit :

« Item ledit seigneur veult et ordonne que son cueur soit porté le lendemain de son obit à l'église des frères mineurs dudit lieu d'Angers, pour estre inhumé et sépulturé en la chapelle de Saint-Bernardin qu'il a fait ériger, édiffier, parer et fournir contigue à l'église desdits frères mineurs. Item ledit seigneur veult et ordonne que en ladite chapelle de Saint-Bernardin soit dicte et célébrée chacun jour de l'an a tousjours més perpétuellement une basse messe, et chacun an à tel jour qu'il trespassa une messe à note et le jour davant vigilles des trespassez solemnelles pour le remède et salut de son âme, de ses prédécesseurs parens et amis trespassez et, pour lesdits services faiz et continuez, il laisse et donne ausdits frères mineurs en aumosne perpétuelle chascun an à tousjours més le nombre et quantité de 30 sestiers de froment et pour le luminaire desdites messes aussi chacun an à tousjours la somme de x livres, lesquelles quantité de 30 sestiers de froment et somme de 10 livres ledit seigneur assiet et assigne sur les rentes et revenues de la Ménistré ».

Et soit ainsi que depuis qu'avons faict aporter le corps de feu mondit seigneur du pays de Prouvence par deça selon sadite ordonnance, l'ayons faict inhumer et sépulturer en l'église de Monsieur Saint Maurice d'Angers au lieu où il avoit esleu sa sépulture, et le cueur semblablement en ladite chapelle de Monsieur Saint Bernardin, et aient tousjours depuis lesdits frères mineurs dit ledit service selon ladite ordonnance pour lequel leur ayons fait payer par notre receveur ordinaire de Beaufort lesdits 30 sestiers de froment et 10½ tournoiz du revenu dudit lieu de la Ménistré. Et pour ce qu'ilz n'en ont devers eulx aucune chose ne enseignement de la fondacion dudit service, ne de la continuation de ladite aumosne, ne aussi l'extraict de l'article dudit testament doubtent que s'il survenoit aucune mutacion et que ledit lieu de la Ménistré veinst en autres mains que les nostres, qu'on ne leur continuast ladite aumosne, nous ont supplié et requis leur y donner provision.

Savoir faisons que nous, ces choses considérées et ladite requête être raisonnable, désirans de tout notre povoir que l'intencion de feu mondit seigneur soit accomplie et que le service soit dit et continué, et plus est le voldrions augmenter que par notre deffault il fust diminué, avons confirmé, loué, ratiffié et approuvé, confermons, louons, ratiffions et approuvons ladite assiette de ladite aumosne de 30 sestiers de froment et 10½ tournoiz par chacun an à tousjours mes pour lesdits frères mineurs d'Angers, à la charge de dire et continuer ledit service, sur le lieu, rentes et revenues dudit lieu de la Ménistré, tout ainsi et en la forme et manière que contenu est en l'article dudit testament, et en tant que mestier est ou seroit, la y assignons tout de nouvel payable par chacun an au jour des Mors par les mains de notre receveur dudit conté de Beaufort et par ses successeurs audit office, pourveu aussi que ledit lieu de la Ménistré ne fust point séparé d'avecque la recepte ordinaire et qu'il y demeurast comme il est de présent. Auquel cas il demeureroit tousjours chargé à la continuation de ladite aumosne, à laquelle nous obligeons et noz biens et choses de noz successeurs audit conté de Beaufort et ayans cause sans james ailer ne venir encontre par appleigement, contrepleigement, opposition ne autrement en aucune manière. Si donnons en mandement par cez mesmes présentes à notre cher et bien amé Pierre Cousin, receveur de notredit conté de Beaufort, et à ses successeurs audit office et à chacun d'eulx que doresnavant par chacun an il paye et délivre ladite aumosne de XXX sestiers de froment et 10½ tournoiz ausdits frères mineurs et à leurs successeurs, an terme dessusdit du jour des Mors, lesquels sont et seront tenuz à tousjours mes dire et continuer ledict service selon ladite ordonnance de feu mondit seigneur et, en raportant vidimus de cesdites présentes pour la première foiz et à chacun payement quittance desdits frères mineurs, lesdits 30 sestiers de froment et x½ tournoiz seront allouez et complez dudit receveur ou de cellui qui aura fait ledit payement par chacun an par les auditeurs de leurs comptes, commis ou à commettre, ausquels par ces mesmes présentes mandons ainsi le faire sans aucune difficulté ou contredict, car tel est notre bon plaisir. En tesmoing de ce nous avons signé ces présentes de notre propre main et à icelles faict mettre notre scel.

Donné à Saumur le pénultiesme jour d'octobre 1485.

JEHANNE.

Scellé en cire rouge sur lacs de parchémin.
Bibl. Nat., *ms. fr.* 22.450, p. 243-245.

Imprimerie Ex.-M. LELIÈVRE. — Laval-Paris.

Imprimerie Em.-M. LELIÈVRE. — Laval - Paris.